DEJA DE MENTIRTE

GREG LAURIE

Editorial Unilit
Miami, Fl. 33172
Derechos reservados

© 2009 Editorial Unilit (Spanish translation)
Primera edición 2009

© 2006 por Greg Laurie
Originalmente publicado en inglés con el título:
Lies We Tell Ourselves
por Regal Books, una división de Gospel Light Publications, Inc.
Ventura, California 93006, USA.
Todos los derechos reservados.

Diseño de portada: Alicia Mejías
Fotografía de la portada: Image © Johanna Goodyear, 2009.
Used under license from Shutterstock.com
Diseño interior: Ximena Urra
Ilustraciones Interior: Image © Transition, 2009; Image © Andy Cash, 2009.
Used under license from Shutterstock.com

A menos que se indique lo contrario, el texto bíblico ha sido tomado de la versión Reina Valera © 1960 Sociedades Bíblicas en América Latina; © renovado 1988 Sociedades Bíblicas Unidas. Utilizado con permiso.
Las citas bíblicas señaladas con NVI se tomaron de la Santa Biblia, *Nueva Versión Internacional*. © 1999 por la Sociedad Bíblica Internacional.
Las citas bíblicas señaladas con LBD se tomaron de la Santa Biblia, *La Biblia al Día*. © 1979 por la Sociedad Bíblica Internacional.
Las citas bíblicas señaladas con DHH se tomaron de *Dios Habla Hoy*, la Biblia en Versión Popular por la Sociedad Bíblica Americana, Nueva York. Texto © Sociedades Bíblicas Unidas 1966, 1970, 1979.
Las citas bíblicas señaladas con TLA se tomaron de la *Biblia para todos*, © 2003. Traducción en lenguaje actual, © 2002 por las Sociedades Bíblicas Unidas. Usadas con permiso.

Producto 495569
ISBN 0-7899-1584-7
ISBN 978-0-7899-1584-9
Impreso en Colombia
Printed in Colombia

Categoría: Vida cristiana / Vida práctica / Autoayuda
Category: Christian Living / Practical Life / Self Help

CONTENIDO

Amados hermanos,
¿están ustedes afrontando muchas
dificultades y tentaciones?
¡Alégrense, porque la paciencia
crece mejor cuando el camino es escabroso!
¡Déjenla crecer! ¡No huyan de los problemas!
Porque cuando la paciencia alcanza su
máximo desarrollo, uno queda firme de
carácter, perfecto, cabal, capaz de afrontar
cualquier circunstancia [...] Dichoso el hombre
que no cede a la tentación, porque un día ha
de recibir la corona de vida que Dios ha
prometido a los que lo aman.

Santiago 1:2-4, 12, *LBD*

Siento lo mismo por los aviones
que por las dietas:
Me parece que son una maravilla
para los demás.

Jean Kerr

INTRODUCCIÓN

MAÑANA EMPIEZO LA DIETA

Nunca tuviste la intención de estar excedido de peso. El problema pareció sorprenderte por la noche, como la niebla que cae de manera inesperada sobre la bahía de San Francisco. Una mañana te levantaste, te miraste al espejo y de repente te diste cuenta: *¡Tengo un problema de peso! ¡Estoy excedido de peso! No puedo creerlo.*

Sin embargo, lo único que hará la negación es llevarte más lejos. Si compras una balanza nueva y más precisa para el baño, es probable que no te cuente la historia que quieres escuchar. Por más difícil que sea admitirlo, la evidencia ha sido... bueno... ensancharte durante algún tiempo.

Los pantalones te quedan más ajustados.

Te das cuenta de que te cansas con mayor facilidad.

Te das una ducha y nada por debajo de la cintura se moja.

Lustras tus zapatos y tienes que creerles porque no los ves.

El sofá se levanta al mismo tiempo que tú.

Los niños corren a ti para permanecer a la sombra.

Descubres que desarrollas una dependencia al color negro como un elemento básico de la moda.

No obstante, llega el momento en que ni siquiera el negro puede tapar la realidad. Te has convertido en una persona gorda...

o al menos vas en ese camino. Puedes justificarlo con la frase: «Bueno, ahora tienen más de mí para amar». Aun así, en realidad no te engañas a ti mismo ni engañas a nadie más. Si te dices mentiras, solo cubres la verdad por un poco de tiempo. En su momento, la realidad sale a la superficie.

Detestas la idea de estar gordo y sabes que tienes que hacer algo. Entonces, comienzas a leer esos mensajes electrónicos que hablan de píldoras y de dietas asombrosas que te ayudarán a perder peso en diez días o menos. De repente, esas fotos que muestran el antes y el después captan tu atención.

Sin embargo, de algún modo... todo parece muy inalcanzable.

Antes de seguir adelante, por favor, quiero que entiendas que, en realidad, este libro no trata acerca de las dietas. Se trata más de un libro acerca de las mentiras que nos decimos y de cómo nos meten en problemas en toda clase de esferas en nuestras vidas. ¿Tener sobrepeso? Bueno, eso puede ser un problema para ti. Con todo, tal vez tu lucha sea contra la costumbre de decir mentiritas que parecen triviales. O es probable que luches contra algo más serio, como el abuso de drogas o de alcohol, la pornografía o la infidelidad hacia tu cónyuge.

La buena noticia es que, antes de que llegues a la última página de este libro, estarás en condiciones de comprender algunos principios eternos que te ayudarán a enfrentar las justificaciones y excusas que te han acosado durante años. Aprenderás a resistir la tentación de cualquier clase, ya sea que se trate de calorías o no.

Seamos sinceros: Todos necesitamos hacer cambios en esta cuestión de entrar por cuenta propia en un comportamiento destructivo y contraproducente. Entonces, ¿por qué tanto énfasis en la comida y en las dietas? El problema de las dietas proporciona un cuadro muy ilustrativo de cómo he tenido que enfrentar mis propias excusas insuficientes... y lo que he aprendido acerca de enfrentar la tentación, de admitir mi falta de decisión y de descubrir el poder para encaminarme bien otra vez. Espero que lo que he aprendido te ayude con cualquier tentación a la que enfrentes.

LA BATALLA DE SOBRESALIR

Vaya uno a saber por qué, parece que la talla de mis pantalones ha aumentado con el paso de los años. Durante la mayor parte del tiempo, mi cintura medía 80 centímetros y pesaba 70 kilos. Nada mal para alguien que mide 1,56 metros (y medio). Me sentía bien. Me veía bien. Es asombroso que me mantuviera en esos números a pesar de comer muchas veces tarde por la noche y de un patrón de malas elecciones que se repetía. Uno de mis placeres favoritos provenía de un tugurio de tacos que frecuentaba: algo sensacional que se llamaba Macho Combo Burrito. Casi todas las noches, a eso de las diez, me engullía uno de esos burritos impresionantes.

En la actualidad, por supuesto, el ritual nocturno de encestar en mi boca un Macho Combo no es siquiera una opción, al menos por dos razones. Número uno, al día siguiente llevaré puesto mi burrito. Número dos, mi estómago se vengaría de mí durante toda la noche.

Cuando la balanza de mi baño se inclinó hacia los 86 kilos, tuve que afrontar la dura y fría realidad de que mi metabolismo ya no era lo que solía ser. No estaba orgulloso de mi peso. Sin embargo, no podía negarlo, porque había quedado inscrito, para colmo, en una de las tiendas más meticulosas de Estados Unidos.

En el local de esta tienda cercano a nuestra casa, se había invitado a los padres a que agregaran los nombres y las edades de sus hijos sobre las baldosas para que estuvieran en exposición permanente sobre el suelo del departamento de niños. Un aparente amigo, decidió que sería muy bonito poner mi nombre y mi peso en una de esas baldosas para que lo vieran las generaciones futuras. Allí mismo, en esa tienda, se encuentra mi baldosa, junto a «Amber, de nueve años» y «Nathan, de seis años». Con orgullo proclama: «Greg Laurie, 85 kilos». Aunque algunos pocos se hayan preguntado si soy mucho mayor de lo que parezco, es probable que la mayoría haya adivinado la triste verdad.

MEDIDAS EXTREMAS

Una vez que mi peso quedó inmortalizado para que todos lo vieran mientras hacían las compras para el regreso a la escuela de sus hijos, decidí que debía dar un paso radical. Era hora de ponerme a dieta.

Desde entonces, he pasado por todas las dietas de moda que puedas haber visto en las cubiertas de las revistas. Creo que, en realidad, las he probado todas. ¿Suspensión de los azúcares y carbohidratos refinados? Ya lo hice. ¿La dieta Atkins? ¡A comer tocino! ¿La dieta de comer cada dos horas? También la probé. ¿La dieta del Dr. Agatson, la de las grasas malas y los carbohidratos malos? Muy bien, esa no la probé, pero me da la sensación de que es otra dieta muy parecida a la de Atkins; solo carne y queso, con el agregado de una palmera de Miami para que haga efecto.

No entiendas mal... creo que las dietas dan resultado. Es más, algunas tienen resultados sorprendentes. El problema que casi todos tenemos es la constancia para seguir una dieta. La palabra lo dice todo: «dieta» es «privación». Es decir, negarse a uno mismo. Abstenerse.

No nos gusta cómo suenan estas palabras. En especial, cuando vamos a cenar a algún lugar bonito y el camarero viene con una bandeja de postres... y tortitas rellenas.

Hace algún tiempo, mi esposa, Cathe, y yo disfrutábamos de una cena con otra pareja en uno de nuestros restaurantes favoritos. Luego de cenar un delicioso y saludable pescado asado con vegetales, la camarera se acercó con la inevitable bandeja de postres. Hasta la manera en que los empleados de los restaurantes se dirigen al sujeto, te da una idea bastante precisa de a dónde irán a parar las cosas.

—¿Puedo tentarlo con un postre? —preguntó.

—¿Tentarme? —respondí.

—La tentación no es pecado, ¿cierto?

Escuché la presentación que hizo de memoria la muchacha que nos atendía. Muchas veces, las camareras usan palabras que deberían darnos algún indicio, como «decadente» o «pecaminosamente delicioso». Además, tenemos la perversa «torta del diablo».

¡Ah, casualidad! Resulta que este restaurante en particular tenía mi postre favorito de siempre. Es un platillo sabroso llamado tortitas rellenas. Mi esposa podría explicar cómo se hace, pero en esencia, se trata de una masa humedecida con una salsa de natilla, con crema fresca batida y fresas. Luego... para darle el toque final... un poco de sirope rociado por arriba con astucia. ¡Se me hace agua la boca con tan solo escribirlo!

Ya me había armado de valor para enfrentar la bandeja de postres. Por lo tanto, en realidad no me resultó tan difícil decir «no, gracias», mientras la camarera mencionaba las opciones.

Hasta que llegó a la tortita rellena.

De inmediato, como el tiburón responde de manera instintiva al olor de la sangre, ya me la imaginaba frente a mí. «¡Adelante! Pidamos eso», dije, mientras sentía que los ojos de todos en la mesa estaban fijos en mí, «¡porque mañana empiezo la dieta!».

En eso, todos en la mesa rompieron a reír. Cuando pregunté por qué, me recordaron que había dicho lo mismo cada vez que se me ofrecía este postre en particular. Entonces, me di cuenta de que, durante mucho tiempo, había justificado mi indulgencia ante la torta rellena. Cada vez que deseaba disfrutar de mi postre favorito, me decía una mentira.

Aquel momento sirvió como la inspiración de este libro. Hasta inspiró el título: *Deja de mentirte*. Ahora, tienes en tus manos el cumplimiento de ese momentito de verdad que tuve frente a esa bandeja de postres.

¡EL DIABLO ME LO HIZO HACER!

Muy bien, he seguido en la lucha con mi peso inmortalizado, mis intentos de ponerme a dieta y mi debilidad por las tortitas rellenas. Sin embargo, repito, en realidad este libro no trata acerca de la obesidad, de los postres, ni de las dietas. Más bien, se refiere a las tentaciones que se presentan en nuestro camino y a las maneras en que las afrontamos, las miramos a los ojos y las vencemos. Tarde o temprano, la tentación se presentará en tu camino. Representas un papel fundamental en el grado de eficiencia con el que la resistes.

Hace unos cuantos años, el comediante Flip Wilson representó a Geraldine, un personaje que siempre gritaba: «¡El diablo me hizo hacerlo!». Aunque ese parlamento era bueno para reírse, y aunque es cierto que Satanás tiene su parte en tentarnos, el hecho es que debemos cooperar con el diablo para ceder a la tentación. Es más, la tentación es el método principal que tiene Satanás para atacarnos. Es interesante que aunque no disfrutamos de la tentación, todos sabemos mucho acerca de ella y de cómo ceder cuando aparece. Todo cristiano experimenta la tentación.

La buena noticia es que podemos resistirla. Jesús nos promete ayuda.

El apóstol Santiago escribió: «Bienaventurado el varón que soporta la tentación», (Santiago 1:12). Una traducción de la palabra «bienaventurado» sería «feliz». ¡Feliz es la persona que resiste la tentación!

Este es el principal mensaje de este libro. Si cedes a la tentación, no serás más feliz en realidad. Si la resistes, lo serás. Por lo tanto, profundicemos en la manera en que podemos resistir en esos momentos cuando la tentación oscila delante de nuestra cara como una irresistible zanahoria puesta delante de un caballo.

PARA REFLEXIONAR

Antes de pasar al capítulo 1, quiero alentarte a que pongas en práctica en tu propia vida lo que has leído hasta ahora. Medita en las siguientes preguntas y sé sincero contigo mismo al intentar responder. Dedica algún tiempo a la reflexión y a la oración, y pídele a Dios que te señale las esferas en las que necesitas confiar en Él para que te ayude con las tentaciones que tienes que afrontar.

1. En caso de que hayas pasado por alto la cita al comienzo de la introducción, te la repetiré. Jean Kerr escribió: «Siento lo mismo por los aviones que por las dietas: Me parece que son una maravilla para los demás». ¿Alguna vez te encontraste pensando de la misma manera en cuanto al pecado?

2. ¿Algunas veces adoptas la postura de pensar que los consejos de la Escritura se ajustan a todos, pero que está bien que rompas las reglas?

3. ¿Qué me dices de los aspectos de la vida que parecen menos importantes, como escabullirse para pasar delante en una línea en el supermercado o en el cine?

4. ¿Cómo reescribirías la cita de Jean Kerr para reflejar la esfera en tu vida en que esta actitud es más dominante?

5. ¿Cómo reescribirías la cita para reflejar la actitud adecuada que Dios espera que tengas con respecto a la tentación y al pecado?

6. En pocas palabras, conté mi lucha con el aumento de peso y las malas decisiones en cuanto a la comida. ¿Te viste reflejado al leer acerca de estas luchas contra mis tentaciones relacionadas con la comida?

7. Si no lo hiciste, ¿contra cuáles tentaciones tienes que luchar?

8. ¿Cuál es tu excusa o justificación favorita para seguir con una conducta que sabes que no está de acuerdo con tu fe?

Dedica algún tiempo a la oración para pedirle a Dios que te ayude a ver esferas en tu vida en las que te mientes o justificas tu comportamiento. Pídele que te ayude a rendirle esos aspectos de la vida y a depender de Él para tener la fuerza para resistir.

Cuando alguien se sienta inclinado
a hacer algo malo, no diga que es Dios el que
lo tienta; Dios no tienta ni puede ser tentado.
La tentación es la atracción que sobre
el hombre ejercen sus malos pensamientos
y sus malos deseos.
SANTIAGO 1:13-14, *LBD*

Tanto las pruebas como las tentaciones y los desalientos, nos ayudan en lugar de ser estorbos, si los usamos de manera adecuada. No solo ponen a prueba la fibra de nuestro carácter, sino que lo fortalecen. Cada conquista de la tentación representa un nuevo caudal de energía moral. Cada prueba que soportamos y superamos con el espíritu apropiado hace que el alma sea más noble y más fuerte que antes.
JAMES BUCKHAM

LA VERDAD ACERCA DE LA TENTACIÓN

1

Durante la ajetreada hora del almuerzo en un centro atestado de personas, un pastor buscaba con desesperación un lugar para estacionar. Dio vueltas por varias cuadras una y otra vez, pero había un auto tras otro estacionado y todas las rampas de acceso tenían un cartel luminoso que decía «Completo». Desesperado por llegar a una reunión importante, por fin el pastor decidió estacionar en doble fila. Sacó su tarjeta personal y escribió una nota en caso de que un policía pasara y le multara.

«Estimado policía», escribió el pastor, «he dado vueltas alrededor de esta manzana una docena de veces, pero no pude encontrar lugar para estacionar. Tengo que llegar a una cita». Sonrió para sí, terminó la nota con las palabras: «Perdónanos nuestras deudas».

Cerca de una hora después, el pastor regresó y se encontró con el papel de una multa bajo el limpiaparabrisas. En la parte de atrás de la multa, se encontraban estas palabras escritas a mano: «Estimado reverendo, he patrullado esta cuadra durante una docena de años. Si no lo multo, pierdo mi trabajo». El policía firmó con su nombre y puso el número de su placa. Luego, añadió el giro: «No nos metas en la tentación».

«¡No nos metas en tentación!». Esas palabras provienen de lo que llamamos el Padrenuestro, uno de los pasajes más conocidos de la Biblia. Esto me recuerda a una pegatina que leí en un auto: *No nos metas en tentación. ¡Nosotros nos metemos solos con facilidad!*

Por lo general, pensamos que toda tentación es mala. Sin embargo, nos puede sorprender saber que la prueba, e incluso la tentación, pueden tener un efecto positivo. La Biblia nos dice: «Bienaventurado el varón que soporta la tentación; porque cuando haya resistido la prueba, recibirá la corona de vida, que Dios ha prometido a los que le aman» (Santiago 1:12).

Con una primera leída, aprendemos de este versículo tres cosas acerca de la tentación:

1. Podemos soportarla: «Bendito el varón [o la mujer] que soporta la tentación».
2. Dios promete una recompensa cuando la soportamos: «Recibirá la corona de vida».
3. Seremos personas más felices si resistimos la atracción de la tentación: «Bendito el varón [o la mujer] que soporta».

Martín Lutero dijo una vez: «Un cristiano que le han tentado vale más que mil que no lo han tentado». También se dice: «Los cristianos son como saquitos de té. No sabes cómo son hasta que los pones en el agua caliente».

Nunca sabes cuándo se presentará la tentación en tu camino. Una vez escuché algo acerca de un joven vendedor que fue a hacer una oferta de parte de su compañía. Cuando lo condujeron hacia la oficina del agente de compras, no pudo menos que escuchar a alguien de la competencia que mentía mientras hacía su oferta en el escritorio. Es lamentable, pero la cifra real la tapaba una lata de jugo. Pronto, la tentación de ver la cifra fue demasiado para el vendedor, y poco a poco, levantó la lata. Al hacerlo, miles de bolitas de plomo se escaparon de la latita sin fondo y se esparcieron por todo el piso. Se le fue el alma a los pies. Era una trampa y lo pescaron por ceder a la tentación.

A ti y a mí también nos pescarán. Por eso, debemos aprender a resistir la tentación. Benjamín Franklin escribió una vez: «Es más fácil suprimir el primer deseo que satisfacer todo lo que le sigue».

LO QUE DEBES SABER ACERCA DE LA TENTACIÓN

En las siguientes páginas, le daremos un vistazo de cerca y personal a todo este asunto de la tentación. Es más, concentraremos la atención en algunas preguntas muy específicas, como:

- ¿Cuándo viene la tentación?
- ¿De dónde proviene?
- ¿A quién le llega?

En Lucas 4, encontramos la historia cuando Satanás tienta a Jesús. Más tarde miraremos con más detalle este relato. Aunque esta historia que se registra en la Escritura es breve, apenas unos pocos versículos, está llena de verdades que nos pueden ayudar a enfrentar un bombardeo diario de tentaciones que se nos interponen en el camino a una velocidad vertiginosa. Jesús dio el ejemplo.

Ahora, veamos la escena. Jesús estaba listo para comenzar de manera oficial su ministerio público. Sin embargo, antes de que eso pudiera suceder, debía dar un par de pasos muy importantes. El primero era que lo bautizaran. El otro era enfrentar la tentación en el desierto.

¿Alguna vez te has preguntado por qué Jesús necesitó el bautismo? ¡Jamás había pecado! No tenía necesidad de pasar por el bautismo de arrepentimiento que proclamaba su primo, Juan el Bautista. Entonces, ¿por qué lo hizo Jesús? Porque quería dejarnos un ejemplo a todos nosotros. A propósito, también por eso enfrentó esta serie de tentaciones.

Es esencial que veamos a Jesús como un hombre que se enfrentaba a Satanás. Es decir, Jesús no usó su poder divino para librarse de Satanás ni para sacarlo corriendo. Nos mostró cómo ocuparse de la tentación cuando viene a nuestro camino. Jesús tomó posesión de un terreno del que nosotros también podemos tomar posesión si le prestamos atención a las palabras de Filipenses 2:5: «La actitud de ustedes debe ser como la de Cristo Jesús» (*NVI*).

Como cristianos, a cada momento enfrentamos al menos tres enemigos: la carne, el mundo y el diablo. La *carne* es el deseo malo que todos tenemos dentro; esa vulnerabilidad o propensión a hacer las cosas malas. El *mundo* es donde podemos encontrar toda clase de tentaciones que nos atraen para que complazcamos nuestros malos deseos. El *diablo,* por supuesto, es Satanás, que quiere que cedamos a nuestros malos deseos porque esto levantará paredes, al menos en forma temporal, en nuestra relación con Dios.

Otra manera de pensar en estos tres enemigos es considerar a la carne, con sus malos deseos, como un enemigo interno. El mundo, con sus señuelos, es el enemigo externo. Satanás, con sus tentaciones, es el enemigo infernal.

Quizá parezca demasiado difícil resistir la tentación. Después de todo, la tentación es así... ¡*tentadora!* Sin embargo, el efecto de ceder a la tentación puede ser absolutamente devastador. Al rendirnos a la tentación, en una fracción de segundo podemos perder todo lo que nos puede haber llevado toda una vida ganar. Aun así, para poder resistir la tentación, es importante que primero entendamos de dónde proviene, cuándo ataca, cuál es el blanco y cómo encuentra un punto de apoyo en nuestra vida. Esto nos lleva a la primera pregunta que planteamos.

¿CUÁNDO VIENE LA TENTACIÓN?

La respuesta sencilla es que, aunque la tentación puede presentarse en cualquier momento, casi siempre viene después que experimentamos tiempos de gran bendición.

El encuentro de Jesús con el maligno tuvo lugar casi en forma inmediata, luego de su bautismo y de la confirmación pública de su Padre, lo cual debe haber sido uno de los grandes momentos destacados de su vida en esta tierra. Cuando Jesús salió de las fangosas aguas del Jordán, sucedió algo increíble. La Biblia dice que el cielo se abrió y que el Espíritu Santo descendió sobre Jesús en forma de paloma. Luego, el Padre habló desde el cielo: «Este es mi hijo amado, en quien tengo complacencia» (Mateo 3:17).

Allí fue cuando Satanás mostró los dientes: «Jesús, lleno del Espíritu Santo, volvió del Jordán, y fue llevado por el Espíritu al desierto por cuarenta días, y era tentado por el diablo. Y no comió nada en aquellos días, pasados los cuales, tuvo hambre» (Lucas 4:1-2). Así como Satanás vino a continuación de la paloma, casi siempre la prueba y la tentación vienen después de grandes bendiciones. Por más extraño que parezca, las dos van de la mano.

Piénsalo un momento. Cuando nos enfrentamos a la tentación como cristianos, casi por instinto nos preguntamos en qué nos estamos equivocando. O nos preguntamos si, de alguna manera, Dios nos está castigando. Hasta podemos llegar hasta el punto de tratar de cambiar, en forma deliberada, alguna parte de nuestra vida que, según nuestro parecer, desilusiona a Dios o en la cual le estamos fallando.

Aunque es magnífico tratar de vivir sin pecado en nuestra vida, la verdad es que la tentación viene, por lo general, luego de momentos en los que experimentamos grandes bendiciones de Dios. Así, puedes encontrarte un domingo en la iglesia, donde se estimula tu fe, y justo después de la reunión, tal vez hasta durante la misma, te pase por la mente un pensamiento terriblemente impuro o sientas el impulso de hacer algo que no le agrada a Dios. *¿Y esto?*, te preguntas, *¿de dónde salió?* Sin embargo, la verdad es que debemos esperar que la tentación aparezca cada vez que experimentamos una gran bendición.

La historia nos cuenta que cuando Hitler invadió las naciones europeas, durante los primeros años de la Segunda Guerra Mundial, en casi todas las situaciones, atacaba los fines de semana. Como puedes ver, sabía que los diversos gobiernos nacionales no estarían en sesión, lo cual haría más difícil que reaccionaran con rapidez a una invasión.

De manera muy parecida, el diablo, el enemigo de nuestras almas, observa y espera el momento oportuno para lanzar su invasión. Aguarda, en busca de un momento en el que estemos más vulnerables. Por más extraño que parezca, ese momento vulnerable puede tener lugar cuando imaginamos que estamos en nuestro punto más fuerte. El apóstol Pablo da una sucinta advertencia en estas palabras: «Así que, el que piensa estar firme, mire que no caiga» (1 Corintios 10:12).

¿DE DÓNDE PROVIENE LA TENTACIÓN?

¿Alguna vez has caído en pecado y, un tanto asombrado por haber cedido a la tentación, te has preguntado cómo llegaste a ese punto? Es probable que hayas pasado por una serie de sucesos que, en definitiva, te guiaron a justificar tu pecado. Hablaremos más acerca de la justificación y de las excusas en el capítulo siguiente, pero por ahora examinemos la serie de sucesos que conducen al pecado.

Casi siempre, la tentación penetra a través del campo de la imaginación. Visualízala como una visita indeseada que golpea a tu puerta. Sabes que si abres la puerta, tendrás problemas. Por lo tanto, cuando el enemigo viene con la tentación, no le abras la puerta. Es más, ¡ni siquiera mires a través de la mirilla! No subestimes al pecado ni a su poder.

Además, ten en mente que representamos un papel vital en resistir o ceder a nuestra propia tentación. Es verdad. Es interesante que cuando resistimos la tentación, somos muy rápidos para adjudicarle un gran valor a nuestra fuerte fe. Entonces, cuando cedemos a la tentación, es fácil culpar a Dios porque nos permitió fracasar. Santiago escribió:

> Que nadie, al ser tentado, diga: «Es Dios quien me tienta». Porque Dios no puede ser tentado por el mal, ni tampoco tienta él a nadie. Todo lo contrario, cada uno es tentado cuando sus propios malos deseos lo arrastran y seducen. Luego, cuando el deseo ha concebido, engendra el pecado; y el pecado, una vez que ha sido consumado, da a luz la muerte. Mis queridos hermanos, no se engañen. (Santiago 1:13-16, *NVI*)

Lo cierto es que el pecado es un hecho que se produce en nuestro interior. La tentación en sí comienza con nuestra inclinación a hacer lo malo. Donde no hay un verdadero deseo de nuestra parte, no existe una tentación real. Satanás necesita nuestra cooperación para que cedamos a su tentación. Piénsalo: ¿Alguna vez has visto a un vendedor de seguros caminando por un cementerio entre las lápidas, tratando de hacer una venta? No lo creo. Eso es porque no puedes venderle algo a alguien que no te escucha y al que no le importa lo que tienes que decir.

Lo mismo sucede con nosotros. El diablo necesita que estemos dispuestos a ayudarlo. Va de puerta en puerta en busca de un cliente que lo invite a pasar.

Sin embargo, cuando se trata de eso, solo podemos agradecernos a nosotros mismos por haber cedido a la tentación. Jesús dijo: «Lo que del hombre sale, eso contamina al hombre» (Marcos 7:20). Pablo se hace eco de este pensamiento cuando escribe: «¿No comprenden que ustedes pueden escoger de quién ser esclavos? Pueden escoger el pecado y morir, o la obediencia y ser justos» (Romanos 6:16, *LBD*).

El escorpión y la tortuga

Es verdad que tenemos nuestra propia naturaleza pecaminosa a la cual echarle la culpa por nuestros problemas. Esto me recuerda la fábula del escorpión y la tortuga. Tal vez lo sepas o no, que los escorpiones no pueden nadar. Entonces, un día, un escorpión que quería cruzar un estanque encontró a una tortuga bastante confiada y le preguntó si podía llevarlo hasta la otra orilla.

—¿Bromeas? —exclamó la tortuga—. Me picarás cuando esté nadando y me hundiré.

—Mi querida tortuga —rió el escorpión—, si te picara, te hundirías y yo me iría al fondo contigo. Eso no sería lógico.

—Es un buen argumento —razonó la tortuga—. Súbete.

El escorpión se subió a bordo. Cuando iban por la mitad del estanque, con precisión apuntó su poderoso aguijón y le dió a la tortuga todo lo que tenía.

Mientras los dos se hundían, la tortuga, resignada a su suerte, se volvió hacia el escorpión y dijo:

—¿Te importa si te pregunto algo? Dijiste que no era lógico picarme. ¿Por qué lo hiciste?

—No tiene nada que ver con la lógica —contestó el escorpión que se hundía—. ¡Es mi naturaleza!

No es una mala descripción de la tentación y del porqué somos tan débiles. En las inmortales palabras del escorpión: «Es nuestra naturaleza». Todos tenemos una inclinación interior natural a hacer lo malo. Nos gusta pensar que nuestra mala conducta es el resultado directo de nuestra crianza, del entorno, etc. Aunque es cierto que estas cosas influyen en nosotros, la razón principal por la que pensamos y hacemos cosas malas es debido a la naturaleza pecaminosa que está dentro de cada uno de nosotros.

«No pude resistirme»

Cuando mi hijo Jonathan era todavía bien pequeño, lo mandé a la cama una noche con algunas instrucciones claras: «Muy bien, apaga la luz y nada de videojuegos, ¿de acuerdo?».

Accedió, pero un poco más tarde, me llamó la atención un resplandor azul conocido que se veía por debajo de la puerta de su habitación. Cuando abrí la puerta, pesqué al pequeño Jonathan con las manos en la masa, acribillando a los enemigos espaciales. Cuando le exigí que me diera una explicación, enseguida dijo: «Papá, no tenía la intención de hacerlo, pero no pude resistirme».

Su respuesta fue tan tierna que lo dejé pasar (luego de desconectarle el videojuego, por supuesto). Con todo, mi muchachito tenía razón. Nos encanta culpar al diablo y a otros por nuestros traspiés y caídas espirituales, pero lo cierto es que solo se trata de nuestra naturaleza. O, como lo expresara el joven teólogo Jonathan Laurie: «No pude resistirme».

Cuando cedemos a la tentación, nos gusta justificarnos y culpar de manera conveniente a alguna otra persona o a alguna otra cosa. (¡La culpa la tuvo esa camarera por pasarme la bandeja de postres con la torta rellena debajo de mi nariz!) Algunas veces, hasta queremos culpar a Dios por nuestros traspiés. De manera poco convincente decimos algo así: «¡Dios me dio más de lo que podía manejar!». ¡Esto sí que es pasar la pelota! En esencia, eso fue lo que hizo Adán en el huerto del Edén, y es lo que hacemos nosotros cuando no podemos reconocer nuestra propia complicidad en las decisiones pecaminosas.

La Biblia rechaza con claridad esta clase de pensamiento: «Que nadie, al ser tentado, diga: "Es Dios quien me tienta". Porque Dios no puede ser tentado por el mal, ni tampoco tienta él a nadie» (Santiago 1:13, *NVI*). La Escritura también nos dice que Dios no nos dará más de lo que podamos soportar. «Ustedes no han sufrido ninguna tentación que no sea común al género humano. Pero Dios es fiel, y no permitirá que ustedes sean tentados más allá de lo que puedan aguantar. Más bien, cuando llegue la tentación, él les dará también una salida a fin de que puedan resistir» (1 Corintios 10:13, *NVI*).

¿A QUIÉN LE LLEGA LA TENTACIÓN?

En el sentido más amplio, la tentación llega a todos. Al mismo tiempo, no cabe duda que el enemigo concentra sus ataques contra los que son jóvenes en la fe y contra los que tienen influencia, o que pueden tenerla en potencia, en el reino de Dios.

Pienso que casi todo cristiano nuevo duda, de alguna manera, de su salvación. Puede suceder al día siguiente de haberle pedido a Jesús que venga a tu vida, y el diablo te susurra al oído: «¿De verdad crees que Dios puede perdonar a alguien como tú? ¿De verdad piensas que te perdonaron tus pecados y que Jesús vive en tu corazón? ¡Sé realista! ¡Te has convencido de manera psicológica!». Es probable que, en ese momento, no sientas la cercanía de Dios, y como resultado, comiences a creer que las mentiras de Satanás son verdad.

Tal vez recuerdes algunas serias tentaciones que te atacaron cuando conociste por primera vez a Jesús como tu Salvador. La misma clase de tentación también vendrá siempre que le digas a Dios: «Quiero que me uses». Por favor, deseo que sepas que esto es común, y que hasta debemos esperar que sea muy posible entre los que son nuevos en la fe o que invitan a Dios para que los use. Debes darte cuenta que Satanás atacará. Por lo tanto, tenlo presente.

En la parábola del sembrador, Jesús nos da algún discernimiento en cuanto a la manera en que obra Satanás. Compara la Palabra de Dios con una semilla que siembra un agricultor. Algunas de las semillas caen en el camino y los pájaros, que siempre están mirando, bajan en picada y las recogen. Luego, Jesús pasa a interpretar estas palabras: «Y estos son los de junto al camino: en quienes se siembra la palabra, pero después que la oyen, enseguida viene Satanás, y quita la palabra que se sembró en sus corazones» (Marcos 4:15).

Fíjate en las palabras: «Enseguida viene Satanás». Dicho de otro modo, al enemigo le gusta atacar antes de que un creyente nuevo pueda establecerse en la fe o antes de que tenga la oportunidad de echar raíces en la tierra fértil de la Palabra de Dios. Me acuerdo que experimenté una gran tentación en mi vida justo después de mi conversión.

Una muchacha bonita llama a la puerta

Cuando le pedí a Jesús que fuera el Señor y Salvador de mi vida, me encontraba en el instituto. Tenía tan solo días en la fe y estallaba de entusiasmo por lo que Dios había hecho por mí. Hasta me había puesto un pequeño pin en la camisa con un dibujo de Jesús.

Fui a una de mis clases, adonde me di cuenta de que una joven atractiva me miraba y me sonreía. Muy bien, antes me había fijado en esa muchacha, pero a decir verdad, ella nunca se había fijado en mí. De pronto, al parecer de la nada, ¡me estaba haciendo ojitos!

Los cristianos que conocía me habían dicho que era probable que enfrentara tentaciones luego de mi conversión. Recuerdo que en ese momento me pregunté: *¿Será posible que esta sea una de ellas?* No tuve que esperar mucho para descubrirlo, porque en cuanto terminó la clase, este hermoso platillo se pavoneó ante mí y me dijo: «Hola. ¿Cómo te llamas?».

De momento, olvidé mi nombre, aturdido por su repentino interés en mí.

«De verdad, eres muy apuesto, Greg», susurró. «Nunca antes me había dado cuenta».

Yo estaba boquiabierto. Luego, me miró a los ojos y me dijo: «Me gustaría mucho llegar a conocerte mejor. Oye, mis padres tienen una casa en las montañas, y este fin de semana no estarán. ¿Quieres subir conmigo?».

Sabía que esto tenía que ser una tentación. ¡Cosas como esas no me pasan a mí! Me pregunté: *¿Por qué me sucede esto ahora, cuando no puedo actuar? ¡Esto sí que no llegó a tiempo!* Entonces, comprendí: No era que no hubiera llegado a tiempo. Era el momento preciso... del infierno. Satanás me estaba atacando por mi flanco débil y en el momento en que era nuevo en la fe.

No me entusiasmó mucho la tentación, sino la oportunidad de resistirla. Recuerdo que pensé que si Satanás quería ponerme semejante zancadilla, Dios debía tener algo en verdad especial reservado para mí. Así que, por la gracia de Dios, le dije que no. Se fue enfadada, y estoy seguro de que no le costó mucho encontrar a otro que aceptara su escapadita a la montaña.

Como seguidor reciente de Jesucristo, sentí una gran sensación de alivio y de gozo al tomar mi primera decisión consciente de alejarme de lo que deseaba hacer, y fui bienaventurado, o feliz, como dice la Escritura que seremos cuando resistimos la tentación (véase Santiago 1:12).

Dios sabe con precisión cuánto podemos resistir. Cuando permite que sus hijos atraviesen pruebas candentes, siempre mantiene un ojo sobre ellos y un dedo sobre el termostato. Recuerda, Él ha creado una vía de escape en medio de cada tentación. Por lo tanto, si sucumbimos ante los señuelos y las tentaciones del diablo, debemos asumir la responsabilidad por nuestras acciones.

La tentación golpea en todas las puertas

¿Por qué Satanás tentó a toda clase de personas a lo largo de la Escritura? En casi todos los casos, se debió al daño que le estaban causando a su reino malvado. Repito, anda sobre aviso. Cuando oras: «Señor, haz que con mi vida influya en los demás», será mejor que te prepares. El enemigo no se quedará sentado ocioso.

Satanás atacó a Jesús por esta razón. Jesús representaba una amenaza para él. Y por esta razón, él te atacará porque como seguidor de Dios, también representas una amenaza para él. Quizá protestes y digas: «Pero Greg, ¡nunca me sentí tentado a hacer algo indebido!». Si es así, debes estar muerto o no vales nada. Como escribiera una vez el gran predicador británico C.H. Spurgeon: «No espoleas a un caballo muerto».

Si de verdad sigues a Jesús, te tentarán. No es un asunto que sea condicional, sino de cuándo y cómo.

PARA REFLEXIONAR

Antes de pasar al capítulo 2, quiero alentarte a que pongas en práctica en tu propia vida lo que has leído aquí. Medita en las siguientes preguntas y sé sincero contigo mismo al intentar responder. Sugiero que dediques tiempo a la reflexión y a la oración, y que le pidas a Dios que te señale esferas en las que necesitas confiar en Él para que te ayude a enfrentar las tentaciones.

1. Cuando te enfrentas a la tentación, ¿a quién culpas? ¿Le echas la culpa a Dios, a Satanás o te la echas a ti mismo? ¿Por qué?

2. En tu propia experiencia, ¿te has enfrentado a la tentación durante tiempos de gran bendición?

3. ¿Te has enfrentado a la tentación durante tiempos en los que le pediste a Dios que te usara para ser de influencia en su reino?

4. ¿Por qué te parece que el enemigo dirige sus ataques en contra de los nuevos creyentes y de los que tratan de servir por completo a Dios?

5. En este capítulo describí una tentación a la que tuve que hacerle frente cuando me convertí en un seguidor de Jesús, y cómo me di cuenta de que estaba bajo tentación. ¿Puedes recordar alguna situación similar en la que te dieras cuenta de que te enfrentabas a la tentación justo en medio de la experiencia?

6. ¿Cómo resististe la tentación?

7. ¿Qué has aprendido de tu propia experiencia de resistir la tentación que pueda ser de ayuda para repeler futuros ataques?

*Estos mandamientos no están fuera de tu alcance
ni son superiores a tus fuerzas como para que no
los obedezcas; porque estas leyes no están en los
lejanos cielos, tan distantes que no puedas oírlas
y obedecerlas y no haya nadie que pueda traerlas
a ti en la tierra; ni están más allá del océano,
tan lejos que nadie pueda hacerte oír su mensaje.
Están muy cerca de ti, en tu corazón y en tus
labios, para que puedas obedecerlas.*

DEUTERONOMIO 30:11-14, *LBD*

Una cosa es ser tentado, otra cosa es caer.

WILLIAM SHAKESPEARE

EXCUSAS, EXCUSAS

2

¿Cuál es tu excusa favorita? Yo tengo una lista completa de excusas cada vez que debo ordenar mi oficina. No me gusta admitirlo, pero soy capaz de permitir que mi oficina llegue a un estado más bien deplorable, antes de lanzarme a limpiar las cosas.

Sin embargo, antes de que llegue ese momento, el panorama puede ser bastante malo. Apilo libros sobre montones de libros, y capas de papel sobre las viejas capas de papel (en geología, a esto se le llama formación sedimentaria). Mi café con leche de hace dos días atrás, frío y a medio consumir, hace equilibrio sin mucho entusiasmo sobre la última superficie llana disponible.

Si por mí fuera, pospondría la limpieza durante el mayor tiempo posible. Soy la persona clásica que deja las cosas para más adelante. Pongo en práctica aquel viejo adagio: «No hagas hoy lo que puedes posponer hasta mañana». Por último, me canso de vivir en el desorden y de la necesidad de realizar un proyecto de excavación de envergadura para encontrar algo. Entonces, pongo manos a la obra. Como un torbellino o el famoso Demonio de Tasmania, de la Warner Brothers, giro de aquí para allá para purgar mi escritorio de las pilas de basura y para poner de nuevo los libros y los papeles de trabajo en un lugar de orden.

Comienzo a pensar que no soy el único que anda dando vueltas inventando excusas. Tengo la corazonada de que puedes caer también en esas tendencias. De otro modo, ¿por qué hubieras elegido este libro y hubieras leído hasta aquí? No te desalientes. Somos muchos los que tenemos el mismo problema.

Un artículo en *USA Today* se refería a la inclinación que tenemos casi todos de inventar excusas. Señalaba que cada uno de nosotros dice mentirillas, ¡al menos cincuenta veces al día! De acuerdo con el artículo: «Mentimos acerca de nuestra edad, de nuestros ingresos, de nuestros logros. Y usamos las mentiras para evitar el bochorno»[1].

¿Cuáles son las excusas que se usan de manera más común? Fíjate si estas no te parecen extrañamente conocidas:

«No me sentía bien».

«No quería herir tus sentimientos».

«Solo trataba de ayudar».

«Solo bromeaba».

Y luego, existe la clásica de todos los tiempos: «El cheque está en el correo»[2].

EXCUSAS INSATISFACTORIAS

Encontré un sitio en el Internet que hace una lista de excusas reales que la gente ha usado para librarse de ir al trabajo. Al parecer, estos pretextos les resultaron tan disparatados a los empleadores que pensaron que debían guardar las respuestas para la posteridad, o al menos, contárselas a otros a modo de entretenimiento. Aquí tenemos solo algunas de ellas:

«Hoy no podré ir. Mi pececito está enfermo y debo llevarlo al veterinario».

«Hoy no podré ir porque me ha caído fiebre de primavera».

«No puedo ir a trabajar hoy porque el municipio está pavimentando mi calle, ¡y no puedo salir!»

«No podré ir a trabajar hoy porque se murió el perro de mis padres».

Esto quedó en el contestador del teléfono de un empleador: «Disculpe, jefe, no podré ir a trabajar durante tres días. Fui a despedir a mi hermana que se iba en un crucero a las Bahamas... el maldito barco zarpó conmigo a bordo. El capitán se niega a regresar».

Al menos uno de los que llamó fue sincero al respecto. Le dijo a su jefe: «Estoy enfermo de "falta"... de falta de ambición»[3].

Luego, están las singulares excusas que la gente les presenta a los policías cuando los pescan conduciendo a alta velocidad. A un hombre que a las claras estaba ebrio, la patrulla de las autopistas de California le dijo que se hiciera a un lado, porque se encontraba conduciendo en la dirección equivocada por la autopista. Por decirlo de la manera más suave, esta no era una actividad saludable en particular. El policía que le dijo al hombre que se hiciera a un lado, casi no se pudo contener mientras le gritaba: «Señor, ¿sabía usted que se encontraba conduciendo por una autopista interestatal por el carril equivocado?».

El ebrio respondió: «¿Cómo lo sabe? ¡Usted no sabe dónde vivo!».

Ay, la lógica de un cerebro empapado de alcohol. No hace falta decir que este hombre pasó la noche en prisión.

Otro hombre al que detuvieron por ir a alta velocidad le dijo al policía: «Por favor, no me ponga esa multa por exceso de velocidad. Verá, mi esposa se escapó con un agente de policía, y cuando vi que usted me hacía señales con las luces de su auto, no me detuve porque pensé que podía ser el agente que intentaba devolvérmela». No sé si le pusieron la multa por alta velocidad o no, pero deberían haberlo arrestado por dar una excusa de poco peso.

Como dijera George Washington: «Es preferible no ofrecer una excusa que ofrecer una mala».

LA DEFINICIÓN DE UNA EXCUSA

A la hora de la tentación, todos sabemos lo que es justificar con una excusa astuta algo que estamos a punto de hacer. Conoces la rutina.

«Sé que está mal, pero todos lo hacen».

«Sé cuándo detenerme».

«Mañana dejo de hacerlo».

«No es mi culpa».

«No puedo evitarlo; he estado sometido a mucho estrés».

«La verdad es que no lastimo a nadie más que a mí mismo».

«Me lo merezco».

«No soy tan malo».

«En otras culturas, es absolutamente aceptable».

«Dios comprende mis necesidades exclusivas».

¿Alguna de estas te parece conocida? Como dijera alguien una vez: «Una excusa no es otra cosa más que la piel que reviste a una razón rellena de mentira». Creo que seré más atrevido y diré que una excusa es una mentira hecha y derecha.

Por lo general, presentamos estas mentiras cuando no queremos hacer algo que sabemos con certeza que debemos hacer, o cuando queremos hacer algo que sabemos con la misma claridad que no deberíamos hacer. ¿Existe alguien que esté ansioso de verdad por cortar el césped, por sacar la basura o por echarle gasolina al auto? No sé por qué, pero pospongo lo más que me sea posible llenar el tanque de gasolina. Tal vez sea porque pienso que, de algún modo, ahorro dinero al esperar. Por fin, tengo que ceder cuando se enciende esa lucecita (a la que algunas veces se la llama «la luz tonta», y por una buena razón). De mala gana, entro en la gasolinera más cercana y hago lo que temía. Entonces, descubro que no era algo tan malo en realidad.

Lo cierto es que todos hemos escuchado y usado excusas en un momento o en otro, y casi nunca son creativas del todo. Lo que es peor, nos mentimos a nosotros mismos y a cualquiera que le presentemos nuestras excusas. Desde el comienzo de la humanidad en el huerto del Edén, hemos inventado excusas insatisfactorias.

LA PRIMERA EXCUSA

La primera excusa que se registra la inventó el primer hombre, Adán. Este sí que era un muchacho que tenía el éxito asegurado. Dios lo había creado y lo había colocado en un paraíso tan exuberante y encantador que haría que Maui pareciera un estacionamiento. Rodeado de una belleza y un esplendor intensos e inimaginables, Adán tenía una vida que casi no podemos imaginar. Piénsalo: no había contaminación, ni malestares, no se envejecía y, lo mejor de todo, no existía la muerte.

Aun más, la descripción del trabajo básico de Adán requería que descubriera, disfrutara y cuidara todo lo que hizo Dios. Lo mejor de todo, el mismo Señor aparecía a diario, y Él y Adán conversaban acerca de los sucesos del día. Esto sucedía justo cuando se estaba poniendo el sol, antes de que cayera la noche.

Así que allí estaba Adán, con larga vida y disfrutando de la comunión con Dios mismo. Cada día, se encontraba con un nuevo descubrimiento de lo que había hecho su Amigo y

Creador. Sin embargo, algo faltaba en la vida de Adán. Con seguridad, le gustaba andar con los animales, admirar el paisaje y tener estas visitas de su Creador todos los días. Aun así, algo dentro de él deseaba a alguien con quien pudiera compartir todas estas cosas. Y ese alguien no existía todavía.

Ya sabes cómo sigue la historia. Un día, el Señor hizo que Adán cayera en un sueño profundo. Cuando despertó, allí, por primera vez, se encontraba ese alguien que había anhelado. La llamó Eva. Era hermosa y era un placer contemplarla, y se convirtió en la mejor amiga de Adán, después de Dios mismo.

No se podía pedir una vida mejor.

Sin embargo, Dios le había dado a Adán y a su flamante esposa una capacidad arriesgada: el poder de escoger. Podían escoger hacer lo bueno y seguir a su Creador, o podían escoger darle la espalda y seguir su camino.

«¿Pero por qué?», nos preguntamos. «¿Por qué Dios no hizo que Adán quisiera hacer lo bueno? ¿Por qué le dio la oportunidad de escoger, con todo el potencial de peligro que implicaban esas decisiones?» En realidad, la respuesta a esta pregunta no es muy complicada. Dios anhelaba el amor voluntario, no el afecto forzado. ¿Te gustaría que alguien fuera tu amigo porque tiene que serlo, o porque esa persona quiere de verdad tener una relación contigo? Lo mismo sucedía con el Creador.

LA ELECCIÓN

Por lo tanto, Dios les dio a sus dos mejores creaciones la capacidad de elegir, y es probable que ya sepas lo que hicieron; la Biblia cuenta toda la historia en Génesis 3. Adán y Eva desobedecieron de manera deliberada a Dios y comieron de la fruta prohibida. Ahora bien, teniendo en cuenta el hecho de que Adán y Eva vivían en un paraíso perfecto, esta fruta debe haber tenido algo muy atractivo para que les llamara la atención. ¿Quién sabe? Tal vez brillara en la oscuridad o palpitara.

Lo que sabemos en forma categórica es que esta fruta se veía bien. Muy bien. Es probable que también su fragancia fuera asombrosa. (No sé por qué, pero cada vez que imagino la fruta en el huerto del Edén que tentó a Adán y Eva, pienso en grandes duraznos, jugosos y maduros, que cuelgan de la rama en la rosada luz dorada de un nuevo día. ¡Eso me tentaría a mí!) Así fue que, a pesar de que su Creador y Mejor Amigo les había advertido y les había dicho que no lo hicieran, Adán y Eva se sintieron tentados a tal punto, que al final cedieron y le dieron un mordisco. Hasta es probable que inventaran una excusa y dijeran: «No hay problema, ¡porque nunca lo volveremos a hacer!».

Por cierto, no lo volverían a hacer. Con una vez fue suficiente.

Más que suficiente.

Hasta el día de hoy, todavía sufrimos las consecuencias de ese pequeño mordisco: guerra, terrorismo, envejecimiento, enfermedad, divorcio, muerte y, lo peor de todo, separación de Dios. Todo proviene de esa primera vez en que se le dio la espalda a Dios en un lugar que había sido, pero que no podía ser más, un paraíso.

DIOS SIEMPRE CUMPLE CON SUS CITAS

La historia sigue. Justo a la hora de siempre, tal como cualquier otro día, Dios apareció para su cita habitual con Adán.

Aunque tuvo lugar en el mismo momento y en el mismo lugar, nunca nada volvió a ser igual. Por primera vez, Adán no apareció. Génesis nos dice: «Y oyeron la voz de Jehová Dios que se paseaba en el huerto, al aire del día» (3:8).

El Creador lo llamó: «Adán, ¿dónde estás?» (véase v. 9). Dios no dijo esto porque no pudiera imaginarse detrás de cuál arbusto se escondían sus dos hijos. No lo desconcertaron más de lo que un niño de dos años desconcierta a su padre cuando juegan al escondite. Dios lo llamó por una razón. Quería que su amigo viniera arrepentido y admitiera lo que había hecho.

En los días anteriores, Adán debe haber ansiado el momento de su encuentro con Dios cada día. Sé que a mí me hubiera sucedido. Cuando surgía algo, Adán debe haber pensado: *Debo hablar con el Señor acerca de esto en el tiempo que pasaremos juntos esta tarde.* O tal vez, luego de hacer un nuevo descubrimiento en el huerto del Edén que le habían ordenado que cuidara, decidía preguntarle a Dios: «Señor, ¿cómo se te ocurrió hacer este diseño?».

Es interesante destacar que Dios no vino a la hora de calor del día, como para que Adán pensara que se le acercaba en el calor de su ira. Tampoco vino temprano por la mañana, de modo tal que pensara que Dios esperaba para pescarlo en su pecado. A fin de cuentas, la Biblia enseña: «Misericordioso y clemente es Jehová; lento para la ira, y grande en misericordia» (Salmo 103:8).

En su lugar, el Señor vino en el fresco del día, como el creador y amigo amoroso, paciente, dolido, aunque comprensivo, de Adán. Sin embargo, al mismo tiempo, Dios tenía que enfrentar esto que había invadido su mundo perfecto. Y esperaba que Adán le rindiera cuentas.

No obstante, en lugar de esperar con gozo este acontecimiento diario, como solía hacerlo, Adán le rehuyó al encuentro. La cita, en lugar de llenarlo de expectativa y gozo, lo abrumó con una sensación de terror.

El pecado hará lo mismo contigo. Te quitará el apetito por lo que necesitas de verdad, mientras que aumenta tu hambre por lo que, en definitiva, te destruirá. Dios le había dado a Adán mucho tiempo para pensar en lo que había hecho. Lo que por un instante había parecido tan atractivo y embriagante, ahora presentaba su efecto real. Una sensación de vacío y de muerte se había apoderado de Adán y de Eva.

El pecado estaba haciendo su tarea corrosiva en la primera pareja. Estaban experimentando algo que nunca antes habían conocido. Conocemos esa sensación. Se llama culpa.

Era terrible. Le carcomía las entrañas a Adán y no le daba reposo. Debe haberse repetido una y otra vez: *¡Si al menos no hubiera aceptado ese mordisco!* Mientras Adán estaba sentado allí, con la mente llena de estos pensamientos torturantes que desconocía, de repente escuchó la conocida voz.

«¿Adán?».

¡Ay, no! El pánico lo inundó y se derritió por dentro. ¡Era el Señor! *¿Qué le diré?*, debe haber pensado. *¿De qué manera puedo explicar esto? ¿Con qué cara lo miro?*

Adán tomó a Eva del brazo y enseguida buscaron un refugio para esconderse. Corrieron. Se agacharon. Se escondieron.

«Adán, ¿dónde estás?».

De paso, fíjate que en lugar de ser el hombre el que buscaba a Dios, Él era el que buscaba al hombre. Esto es algo importante que distingue a la fe cristiana de cualquier otro sistema de creencias o religión en el mundo. En todas las religiones fuera del cristianismo, a efectos prácticos, el hombre debe buscar una y otra vez a Dios.

Sin embargo, la Biblia describe una realidad muy diferente. Desde el mismo comienzo de la Escritura, Dios buscó al hombre. Y todavía lo hace. Sigue buscándolo. Tal como buscó a Adán en el huerto del Edén hace mucho tiempo, hoy nos llama a nosotros.

UNA PREGUNTA FASCINANTE

«Adán, ¿dónde estás?». ¿Por qué Dios llamó a su hijo desobediente? Entre otras cosas, quería convencer a Adán de su pecado. Necesitamos que Dios nos persiga en esta clase de situaciones porque somos muy buenos para justificar nuestro pecado, a tal punto, que ni siquiera pensamos que hemos hecho nada malo.

¡Me recuerda a una persona excedida de peso inventando excusas para comerse su torta rellena!

¿Qué tono de voz te parece que habrá usado Dios ese día en el huerto? ¿Te parece que fue severa y fuerte? «Adán, ¿dónde estás miserable fracasado?». No lo creo. ¿Imaginas que tal vez el Señor se sintiera un poquito desconcertado y confundido? «Adán, ¿dónde te has metido? ¡No puedo encontrarte!» ¡De ninguna manera!

Pienso que Adán y Eva escucharon la voz de un Padre dolido, pero amoroso.

Así que aquí estaba Adán, escabulléndose por allí, agazapado entre los arbustos, escondido detrás de su escasa vestimenta. Satanás había prometido que si Adán y Eva comían de la fruta prohibida, serían «como Dios conociendo el bien y el mal» (Génesis 3:5). Por lo tanto, en esencia, lo que Dios decía era: «Muy bien, Adán, ¿te dio resultado? ¿O te mintió el diablo?».

Lo mismo sucede con nosotros. Satanás nos susurra al oído: «¡Adelante, hazlo! ¡Será divertido! ¡Nunca nadie se enterará!». Entonces, el Señor nos habla con suavidad al corazón: «¿Así resultó ser? ¿Estás satisfecho con el desenlace?».

«¿Dónde estás?» Cuando lo piensas, el llamado que Dios le hace a Adán fue una pregunta en verdad fascinante del Creador. Por supuesto, Dios sabía con exactitud dónde estaban Adán y Eva. No los llamaba para pedirles información, sino para que hicieran una confesión. Deseaba que se enfrentaran a lo que habían hecho, de tal manera que pudieran arreglar su situación y restaurar su comunión con Él. Dios deseaba que Adán y Eva salieran del estupor del pecado y admitieran su verdadera condición.

Pero, ¿por qué eso era necesario?

¿Acaso Dios quería refregarle su pecado a Adán por la nariz? Difícilmente. Dios llamó a Adán por la misma razón que el Espíritu Santo nos convencerá... y hasta usará la culpa. Dios quiere despertarnos, quiere abrir nuestros ojos y quiere hacernos cambiar de actitud. Quiere que corramos a Él, no que nos alejemos. Con todo, Adán no estaba listo para esto todavía.

Por último, Adán respondió: «Oí tu voz en el huerto, y tuve miedo, porque estaba desnudo; y me escondí» (Génesis 3:10). Dios respondió de inmediato: «¿Quién te enseñó que estabas desnudo?» (v. 11).

Ahora bien, ¿por qué hizo una pregunta así? ¿Acaso no conocía también la respuesta de esta? Sí, pero quería que Adán también la supiera. ¿Alguna vez te has enterado de que tu hijo ha hecho algo malo y lo has enfrentado? Es probable que le preguntaras: «¿Hiciste tal y tal cosa? ¿Por qué? ¿Te parece que es bueno haberlo hecho?». ¿Le hiciste estas preguntas porque no sabías lo que estaba bien o lo que estaba mal? Por supuesto que no. Lo hiciste porque querías asegurarte que tu hijo supiera que estaba mal. Lo que buscabas era que admitiera su mala conducta, que confesara su pecado. Eso fue lo mismo que Dios esperaba también de Adán.

LA MAYOR EXCUSA DE LA TIERRA

A continuación, Adán ofreció la primera excusa que se registra de boca de un hombre. Y fue una mentira colosal.

No solo dejó de reconocer la responsabilidad personal, sino que también miró enseguida a su alrededor para encontrar a alguien a quien culpar. Y como solo había otro ser humano además de él en todo el mundo, la culpó a ella. Adán le dijo al Señor: «La mujer que me diste por compañera me dio del árbol, y yo comí» (Génesis 3:12).

Esto muestra la perversidad absoluta del pecado. Las Escrituras dejan en claro que, mientras a Eva la engañaron, Adán fue el que pecó por voluntad propia y a sabiendas. Como si esto no fuera lo bastante malo, ¡tuvo el atrevimiento de culpar a Dios por su pecado! En esencia, lo que dijo Adán fue: «¡Señor, tú fuiste el que pecó! Esto es cosa tuya. ¡Es la mujer que me diste! Yo me estaba portando bien, y entonces, ¡me trajiste a Eva!».

Con cuánta facilidad Dios hubiera podido acabar con Adán allí mismo. Como un chiquillo malcriado, Adán se atrevió a sugerir que fue Dios, y no él, el que había fracasado. Literalmente, Dios puso a Adán en el paraíso con todas las comodidades posibles, rodeado de una belleza imponente y hasta le proporcionó una hermosa compañera. Sin embargo, a pesar de todo esto, arremetió contra el mismo Dios que le dio todo aquello. Pero como nos recuerda Lamentaciones: «Su compasión nunca termina. Pues solo ha sido por su misericordia que nos ha guardado de la destrucción completa» (3:22, *LBD*).

Ni Adán, ni Eva convencieron a Dios con sus excusas. Dios rompió relaciones con sus hijos desobedientes y, como consecuencia, vino la separación de Él.

Para empezar, ¿cómo sucedió todo esto?

Comenzó con la tentación. La primera pareja consideró la tentación, le dio lugar y, luego, cedió ante ella.

¿DÓNDE ESTÁS?

¿Dios te ha estado buscando en este último tiempo?

«¡Te extrañé en la iglesia la semana pasada! ¿Dónde estás?»

«¡Hoy lamenté no poder escucharte en oración! ¿Dónde estás?»

«Esta mañana leíste la Biblia, pero de una manera muy distraída. ¿Dónde estás?»

¿Dónde te encuentras en tu vida espiritual en este preciso momento? ¿Te encuentras en el lugar en que debes estar? ¿Estás satisfecho con tu condición espiritual o es necesario que se produzca un cambio? Antes de que puedas encontrar el camino hacia lo que necesitas, primero debes reconocer dónde te encuentras. Además, si te atreves a hacerle esa pregunta a Dios, Él te lo dirá.

Supongamos que deseas venir a nuestra iglesia un domingo por la mañana, entonces nos llamas por teléfono. Cuando levanto el auricular, preguntas: «¿Cómo podemos llegar a *Harvest Christian Fellowship*? ¡Queremos adorar con ustedes esta mañana!».

Ya sabes, por supuesto, cuál será mi próxima pregunta: «¿Dónde estás?». ¿Por qué hago esa pregunta? ¿La hago porque soy entremetido y me gusta conocer todos tus pasos? De ninguna manera. Te lo pregunto porque, de esa manera, puedo decirte cómo llegar al lugar que quieres ir.

Entonces, ¿por qué Dios le preguntó a Adán: «¿Dónde estás?»? Dios quería decirle a Adán cómo regresar al paraíso.

Tal vez pienses: *En el sentido espiritual, no tengo la menor idea de dónde estoy. Lo único que sé es que no estoy donde debería estar ni donde me gustaría estar. Eso es todo lo que puedo decir*. Pero eso es bueno. Es un comienzo. Allí es donde comienza todo.

Admite que has perdido el camino. Dios quiere decirte cómo regresar al paraíso de una buena relación con Él.

PARA REFLEXIONAR

Antes de pasar al capítulo 3, quiero alentarte a que pongas en práctica en tu propia vida lo que has leído aquí. Medita en las siguientes preguntas y sé sincero contigo mismo al intentar responder. Sugiero que dediques algún tiempo a la reflexión y a la oración, y que le pidas a Dios que te señale esferas en tu vida en las que necesitas confiar en Él para que te ayude a enfrentar las tentaciones.

1. Este capítulo comenzó con una pregunta: «¿Cuál es tu excusa favorita?». Entre tú y Dios, responde esa pregunta con relación a una tentación ante la cual cedes una y otra vez.

2. ¿Qué excusa te dices con regularidad? «Sé que esto está mal, pero todos lo hacen»; «Sé cuándo detenerme»; «Mañana lo dejo»; «No puedo evitarlo, he pasado por mucho estrés»; «En realidad, no le hago daño a nadie más que a mí mismo». ¿Utilizas alguna otra excusa para justificar tus decisiones pecaminosas?

3. En este capítulo, pregunté por qué Dios le dio a Adán la oportunidad de elegir, cuando conocía la posibilidad que existía de que se enredara de manera peligrosa en estas decisiones. Respondí la pregunta de manera sencilla, diciendo que Dios deseaba un amor voluntario, no un afecto obligado. ¿Cómo te parece que seríamos si Dios no nos hubiera permitido escoger obedecerle o no, amarle o no?

4. Como pregunté antes en el capítulo, ¿te gustaría que alguien fuera tu amigo porque tiene que serlo o porque de verdad desea tener una relación contigo? ¿Por qué te parece que Dios nos creó para tomar decisiones como esta?

5. Cuando sientes la presencia de Dios, ¿tienes la urgencia de huir y esconderte de Él, o tienes la disposición de disfrutar de la conversación con el Señor en el fresco del día?

6. ¿Qué te hace huir de Dios o disfrutar de su presencia a fondo?

*Estad, pues, firmes en la libertad con que Cristo
nos hizo libres, y no estéis otra vez sujetos al yugo
de esclavitud [...] Porque vosotros, hermanos,
a libertad fuisteis llamados; solamente que no
uséis la libertad como ocasión para la carne, sino
servíos por amor los unos a los otros.*

Gálatas 5:1, 13

*Lleva menos tiempo hacer algo bien que lo que
lleva explicar por qué lo hiciste mal.*

Henry Wadsworth Longfellow

Notas

1. Jerald Jellison, *USA Today*, citado en «Little White Lies», *Bible.
org,* http://www.bible.org/illus.asp?topic_id=894; visitado el 8
de febrero de 2005.
2. Ibíd.
3. «Work Excuses», *Captain Cynic,* http://www.captaincynic.com/
thread.php3/thrdid=13010-ufrmid=18; visitado el 8 de febrero
de 2005.

LOS TRASPIÉS Y LAS SEGUNDAS OPORTUNIDADES

3

Muchas veces me preguntan: «¿Puedo hacer esto y seguir siendo cristiano?».

¿Puedo ir al cine? ¿Puedo escuchar esta clase de música? ¿Puedo ir a esta clase de lugares? ¿Puedo tener esta clase de relación con otra persona? ¿Puedo consentirme en esta búsqueda y desde un punto de vista técnico seguir siendo creyente?

La tentación no siempre viene en un contenedor gigante como el de los barcos. Algunas veces, la tentación viene en una forma mucho menor: un paquete pequeño, pero atractivo, que Satanás deja en nuestra puerta. Nos envía el dilema de si debemos abrir el paquete o no. Cuando parece que hemos aprendido a no dar rienda suelta a la tentación que viene en el vagón de carga de un tren o en el contenedor de un barco, Satanás dice: «Aquí tienes un regalito muy pequeño para que te produzca placer. Vamos... no te hará daño abrir un paquetito tan insignificante... ceder ante una tentación tan chiquita. ¿Qué daño puede hacerte?».

El apóstol Pablo dijo: «Todo me es lícito, pero no todo conviene; todo me es lícito, pero no todo edifica» (1 Corintios 10:23). O, como lo dice otra traducción: «Se dice: "Uno es libre de hacer lo que quiera". Es cierto, pero no todo conviene. Sí, uno es libre de hacer lo que quiera, pero no todo ayuda al crecimiento espiritual» (*DHH*).

En más de una ocasión, la Biblia compara la vida cristiana con una carrera que hay que correr. Por lo tanto, cuando te enfrentas a la tentación, debes considerar si esta pequeñez en la que estás pensando te hará correr con más lentitud la carrera de la vida. ¿Esa relación cuestionable te detiene para que no hagas progresos? ¿Ese hábito negativo perjudica tu desempeño? El escritor de Hebreos nos enseña: «Despojémonos de todo peso y del pecado que nos asedia, y corramos con paciencia la carrera que tenemos por delante» (Hebreos 12:1).

Si te estás preparando para correr una carrera, no llevas varios tanques de buceo en la espalda en caso de que necesites oxígeno, ya que ese peso te hará ir más despacio. Para correr una carrera, debes aprender cómo puedes andar liviano. De la misma manera, si quieres correr en la carrera de la vida, debes correr liviano. Entonces, ¿cómo determinas cuáles son las cosas que te hacen ir más despacio?

EL CAMINO POR UNA LÍNEA DELGADA

Si alguna vez te ves atraído por una tentación pequeña y te preguntas si te está permitida como cristiano, hazte estas cuatro preguntas:

1. **¿Me edifica en mi vida espiritual?** Si cedes a la tentación en tu vida, esto puede derribarte si te aleja del pueblo de Dios o apaga tu hambre por

la Palabra de Dios. Si te gusta la comida chatarra y comes grandes cantidades de ella, no tendrás apetito cuando llegue la hora de una comida de verdad. De la misma manera, no deberías ingerir cosas que arruinen tu apetito espiritual.

2. **¿Me domina?** Pablo escribió: «Todas las cosas me son lícitas, mas no todas convienen; todas las cosas me son lícitas, mas yo no me dejaré dominar de ninguna» (1 Corintios 6:12). Cuando te enfrentas a una de estas tentaciones pequeñas en apariencia, decide si deseas estar bajo el poder de cualquiera o de cualquier cosa que no sea Jesucristo. En lo que a mí respecta, no quiero estar bajo el poder de las drogas. No quiero estar bajo el poder del alcohol. No quiero estar bajo el poder del tabaco. Si descubres que estás cediendo a una tentación pequeña y que luego te domina, debes cortarla de raíz.

3. **¿Mi conciencia está intranquila al respecto?** Pablo les escribió a los cristianos de Roma: «Y todo lo que no proviene de fe, es pecado» (Romanos 14:23). Otra traducción dice: «Todo lo que se hace en contra de lo que uno cree, es pecado» (*TLA*). En otra traducción encontramos: «Todo lo que no se hace con la convicción que da la fe, es pecado» (*DHH*). No importa el tamaño de la tentación, si se percibe algo malo, lo más probable es que no sea bueno.

4. **¿Hará que otros cristianos tropiecen en la fe?** Una vez más, al dirigirse a la iglesia de Roma, Pablo escribió: «Ahora bien, si tu hermano se

angustia por causa de lo que comes, ya no te comportas con amor. No destruyas, por causa de la comida, al hermano por quien Cristo murió. En una palabra, no den lugar a que se hable mal del bien que ustedes practican» (Romanos 14:15-16, *NVI*). Al ceder a la tentación, ¿harás algo que pueda llevar a otro a que tropiece espiritualmente? Ningún hombre o mujer vive o muere solo para sí mismo. Lo que haces, afecta de manera directa a los demás, no solo en esta vida, sino también en el tiempo y en la eternidad. Esto quiere decir que no solo debes vivir teniendo en cuenta la opinión de Dios, sino que también debes ser considerado con los demás. No uses tu libertad para hacer que tropiece otra persona.

¿Existen esferas que te impiden comprometerte por completo con Jesucristo? ¿Te diviertes tanto que esto te aleja de Dios? ¿Cualquier placer pequeño es tan bueno en realidad? Seamos sinceros. Al menos la mitad de las veces es, en el mejor de los casos, un placer con culpa, y muchas veces, ni siquiera es placentero.

EL PERDÓN CUANDO SE FRACASA

Si fracasas y cedes a la tentación, ya sea grande o pequeña, debes entender que a Dios no lo toman por sorpresa tus puntos débiles y tus fracasos. David escribió: «SEÑOR, tú me examinas, tú me conoces. Sabes cuándo me siento y cuándo me levanto; aun a la distancia me lees el pensamiento. Mis trajines y descansos los conoces; todos mis caminos te son familiares. No me llega aún la palabra a la lengua cuando tú, SEÑOR, ya la sabes toda» (Salmo 139:1-4, *NVI*).

Tal vez, hace poco, hayas tenido un fracaso en tu vida espiritual. Quizá hayas cedido a una tentación moral. A lo mejor le hayas fallado a tu esposa, a tus hijos, a tus compañeros de trabajo y a otros que te miran como ejemplo. Es posible que hayas caído y te preguntaras si alguna vez te podrán perdonar.

Dios puede tomar nuestros fracasos y convertirlos en éxitos. Dios puede tomar a los perdedores y convertirlos en ganadores. Por ejemplo, en la Biblia, vemos cómo tomó los fracasos en la vida de uno de los seguidores de Jesús, cuyo nombre era Simón Pedro, y lo convirtió en el cimiento de la Iglesia.

¡Como una roca!

Vale la pena destacar aquí cómo Simón obtuvo su nuevo nombre, Pedro. Los discípulos se encontraban con el Señor en un lugar llamado Cesarea de Filipo, cuando Jesús se volvió hacia ellos y les dijo: «¿Quién dicen los hombres que yo soy?». Se descartaron varias ideas. Entonces Simón, bajo la inspiración de Dios mismo, dijo: «Tú eres el Cristo, el Hijo del Dios viviente» (Mateo 16:16).

Este fue un momento extraordinario. A Pedro se le había dado un discernimiento sobrenatural. Jesús le dijo: «Te daré un nombre nuevo. A partir de este momento, tu nombre es Pedro, y sobre esta roca edificaré mi iglesia (véase Mateo 16:17-18).

Me pregunto qué habrán pensado los otros discípulos cuando Jesús le dio a Simón este nuevo nombre. «"¿Roca?" ¿Le falla algo? ¿Habla en serio? ¿Lo estás llamando "Roca"?» Al fin y al cabo, cuando piensas en una roca, piensas en algo que es sólido. Implica confiabilidad y una naturaleza inconmovible. Sin embargo, Simón estaba lejos de eso... al menos en ese momento. Le conocían por ser exaltado e impulsivo algunas veces. Era impetuoso. Decir que Simón era una roca, parecía casi una broma.

Esto nos muestra que Dios no solo nos ve por lo que somos, sino que también ve en qué podemos convertirnos. Ve nuestro potencial. Nosotros vemos una tela en blanco, pero Dios ve el cuadro terminado. Nosotros vemos un trozo de arcilla, pero Dios ve una vasija hermosa. Nosotros vemos problemas, pero Dios ve soluciones. Nosotros vemos fracasos, pero Dios ve éxitos. Vemos a un Simón, pero Dios ve una roca. De la misma manera, no solo nos ve como somos, sino también ve en lo que nos convertiremos. Una vez vi una pegatina graciosa en un auto que decía: «Señor, ayúdame a ser la persona que mi perro piensa que soy». Dios quiere ayudarnos a ser la persona que Él sabe que podemos ser.

Un revés momentáneo

En el caso de Pedro, justo cuando comenzaba a llevar su nuevo nombre, cometió un serio lapsus. Experimentó una caída que fue a la vez considerable y dramática: Tres veces negó haber conocido a Cristo. Encontrarás lo que relatan los Evangelios con respecto a esta historia en Mateo 26:69-75, Marcos 14:66-72, Lucas 22:54-62 y Juan 18:15-27.

Así es, Pedro cayó. Así es, tuvo un lapsus. Con todo, fue un lapsus temporal. Más tarde, en su propia epístola, Pedro escribió: «Y después de que ustedes hayan sufrido un poco de tiempo, Dios mismo, el Dios de toda gracia que los llamó a su gloria eterna en Cristo, los restaurará y los hará fuertes, firmes y estables» (1 Pedro 5:10, *NVI*). Pedro decía: «En esto, sé de qué hablo. He pasado sufrimientos. Quiero que sepan que Dios los ayudará a superarlos».

De la misma manera, tú has atravesado ciertas experiencias en tu vida. Es posible que se trate de una tragedia. A lo mejor fue un error que cometiste. Tal vez fuera ceder a una de esas tentaciones que vienen en paquetes pequeños. Quizá pensaras: *¿Por qué permitió el Señor que pasara por estas cosas? ¿Por qué permitió que esto me sucediera? ¿Por qué no me protegió? ¿Por qué permitió que fallara?*

De acuerdo con la Escritura, Dios puede hacer que «todas las cosas les ayuden a bien» (Romanos 8:28). Esto no quiere decir, necesariamente, que todas las cosas son buenas en sí mismas, sino que, de algún modo, Dios puede sacar alguna clase de bien de ellas. Por ejemplo, si has experimentado una tragedia personal, puedes llevarle algo de consuelo a otros que estén pasando por la misma situación y que no pueden ver ninguna luz al final del túnel. Si has cedido a la tentación y has pagado el precio inevitable, aun así, algo bueno puede salir de ello si estás dispuesto a mostrarle a otra persona por qué no debería considerar ceder ante la misma tentación.

Puedo mirar hacia atrás, a mi propia niñez y decir: «Señor, ¿por qué tuve que nacer en un hogar de alcohólicos? ¿Por qué tuve que estar en un hogar con una madre que se casó y se divorció siete veces?». Sin embargo, cuando vuelvo la vista atrás y veo las experiencias que tuve y las lecciones que debí aprender, me doy cuenta de que Dios ha usado estas cosas para ayudarme a acercarme a otros y a tener compasión por la gente que pasa por situaciones similares.

En lugar de estar devastado por los fracasos pasados o de estar molesto con Dios porque tuviste que atravesar ciertas circunstancias, pídele que tome eso que experimentaste y que lo convierta en grandes lecciones que puedas enseñarles a los demás. Dios da segundas oportunidades. Eso fue lo que hizo con Pedro. Y eso es lo que puede hacer contigo.

PARA REFLEXIONAR

Antes de pasar al capítulo 4, quiero alentarte a que pongas en práctica en tu propia vida lo que has leído aquí. Medita en las siguientes preguntas y sé sincero contigo mismo al intentar responder. Si es posible, dedica algún tiempo a la reflexión y a la oración con relación a estas preguntas, y pídele a Dios que te señale esferas en tu vida en las cuales necesitas confiar en Él para que te ayude.

1. Cuando eres sincero contigo mismo, ¿a qué pequeñas tentaciones has cedido durante el transcurso de tu vida?

2. ¿Estos traspiés y fracasos terminaron en consecuencias a las que tuviste que enfrentar?

3. ¿Considerarías estas consecuencias como menores o iguales que las consecuencias que provienen de ceder a tentaciones mayores?

4. Piensa en una tentación a la que le hayas hecho frente en este último tiempo, o en alguna que sobresalga de otro tiempo de tu vida. (Cuando miras una tentación pasada, podrás ser más sincero y objetivo que con una tentación a la que te enfrentas en este mismo momento). Hazte las cuatro preguntas de la sección «El camino por una línea delgada» de este capítulo:

   - ¿El deseo que tengo me edifica en mi vida espiritual?
   - Si he cedido a esta tentación, ¿me habrá sometido a su poder?
   - ¿Este deseo me pareció malo en el momento? ¿Intranquilizó mi conciencia?
   - Al ceder a la tentación, ¿habría causado que otro cristiano tropiece en su fe?

5. ¿Puedes pensar en momentos en los que Dios ha usado el fracaso o la debilidad en tu vida y la ha convertido en un éxito para su reino? Reflexiona en cuanto a cómo te usó Dios a pesar de tu traspié.

6. ¿Puedes pensar en otros que, tal vez, se enfrenten a la misma tentación a la que cediste tú? ¿Cómo puedes ayudarlos a resistir la tentación que tienen delante?

¿No comprenden que el que establece amistad con los enemigos de Dios —los placeres mundanales—se convierte en enemigo de Dios? El que quiera entregarse a los deleites de este perverso mundo no es amigo de Dios. ¡Por algo las Escrituras dicen que el Espíritu Santo que Dios ha puesto en nosotros nos ama celosamente! Pero Él nos ofrece fortaleza para resistir nuestros más perversos anhelos.

SANTIAGO 4:4-6, LBD

[La concesión] nos induce a guardar silencio cuando deberíamos hablar, por temor a ofender. Nos induce a elogiar cuando no se merece el elogio, a fin de conservar la amistad con las personas. Nos induce a tolerar el pecado y a no denunciarlo porque si lo hacemos, podemos ganarnos enemigos.

GRAHAM SCROGGIE

EL PELIGRO DE LA CONCESIÓN

4

Una vez, escuché la historia de un cazador que se internó en los bosques en busca de un oso. Parece que quería matarlo y desollarlo para hacerse un abrigo. Luego de una larga espera, por fin el cazador tuvo a la vista un gran oso marrón. Con su dedo, envolvió poco a poco el gatillo y sosteniendo con firmeza el cañón, apuntó al centro de la gran frente de la bestia descomunal.

Justo cuando se preparaba para apretar el gatillo, para sorpresa del cazador, el oso se dio vuelta y dijo en voz suave:

—¡Espera! ¡Conversemos sobre este asunto! ¿No es mejor hablar que disparar?

El cazador estaba tan sorprendido que bajó el arma. El oso le dio las gracias y dijo:

—Muy bien, ¿qué es lo que quieres? ¿Podemos negociar?

—Bueno —respondió el cazador—, en realidad, todo lo que quiero es un abrigo de piel.

—Muy bien —dijo el oso—. ¡Todo lo que yo quiero es una comida!

Mientras los dos se sentaban para negociar, el cazador bajó la guardia y dejó el rifle sobre una gran roca gris. Luego, los dos fueron al bosque a conversar. Al cabo de un rato, el oso regresó... solo. Al parecer, las negociaciones tuvieron éxito. El oso tenía el estómago lleno, y el cazador tenía su abrigo de piel.

Así es como funciona la «concesión» ante la tentación.

De la misma manera que la tentación puede venir en paquetes pequeños, también puede venir en las áreas grises y confusas de la vida. Por cierto, el diablo sabe que una de las maneras más eficaces de arrastrar a alguien es a través de la treta mortal, engañosa y eficaz de la concesión. Es probable que haya más gente derribada por esta estrategia que por ninguna otra. Como resultado, él la sigue usando.

LA VIDA EN DOS MUNDOS

¿Alguna vez escuchaste la historia del muchacho que no podía decidir para qué bando quería luchar durante la Guerra Civil? Se puso la chaqueta del Norte y los pantalones del Sur. ¿Y adivina qué? ¡Le dispararon de los dos lados! Esto es lo que le sucede al concesivo, a la persona que trata de vivir en dos mundos. Es un lugar miserable.

Es triste que hoy en día haya muchos en la iglesia que vivan una vida de concesión. El gran predicador británico G. Campbell Morgan dijo una vez: «Es notable que la iglesia perseguida de Cristo haya sido la iglesia pura de Cristo. Por otra parte, la iglesia de Cristo que ha recibido un trato condescendiente ha sido la iglesia de Cristo impura».

En Apocalipsis 2, la Biblia nos da un ejemplo de una iglesia semejante; la iglesia era la de Pérgamo (véanse vv.12-17), situada en la ciudad del mismo nombre, capital de Asia menor. Conocida por su idolatría desenfrenada, Pérgamo albergaba el altar de Zeus y era el centro de la adoración del césar. La idolatría, la perversidad y la inmoralidad sexual eran cosa de todos los días. El pecado de la iglesia de Pérgamo fue su tolerancia al mal, una especie de filosofía de «estar con Dios y con el diablo».

Es triste, pero esto es lo que quiere la mayoría de la gente hoy en día. Quieren ir a la iglesia... cuando están cerca. Por cierto, quieren ir al cielo, pero todavía quieren vivir en pecado. Quieren concesiones al ceder a la tentación, pero no quieren enfrentar ninguna consecuencia. Quieren estar de fiesta y cometer inmoralidades, mentir cuando sea necesario, engañar si tienen que hacerlo, robar si les viene bien, odiar y vengarse cuando alguien los contraría. Aceptan la idea de que pueden pecar a gusto, mientras se dicen que Dios comprenderá.

Si piensas que puedes pecar a gusto sin tener repercusiones, o que puedes salir a quebrantar los mandamientos de Dios una y otra vez porque eres una excepción a la regla, te engañas a ti mismo. No sugiero que los cristianos no pecarán. La Biblia dice con claridad: «Si decimos que no tenemos pecado, nos engañamos a nosotros mismos, y la verdad no está en nosotros» (1 Juan 1:8). Sin embargo, existe una gran diferencia entre la persona que peca, que lamenta haberlo hecho y que no quiere seguir haciéndolo y la que peca en forma continua, voluntaria y habitual, una y otra vez, y luego dice: «No hay problema. Dios me perdonará».

La Biblia dice: «¿Qué concluiremos? ¿Que vamos a persistir en el pecado, para que la gracia abunde? ¡De ninguna manera! Nosotros, que hemos muerto al pecado, ¿cómo podemos seguir viviendo en él? (Romanos 6: 1-2, *NVI*). El diablo introdujo la concesión en la iglesia de Pérgamo y seguirá introduciendo tal engaño en las vidas de su pueblo hoy.

Si te fijas en los momentos de tu vida en los que caíste en pecado, es probable que puedas rastrear cada caso hasta llegar a una serie de pequeñas concesiones que hiciste y te llevaron a la gran concesión que te guió a caer. En la medida en que la concesión se abre paso en tu vida, te debilita. Pierdes la eficacia en este mundo. También pierdes la eficacia como cristiano.

No sugiero que seas un hipócrita que se cree más santo que los demás. En cambio, deberías vivir de tal manera que los que no son creyentes pudieran mirarte y decir: «Esta persona tiene algo diferente. Algo que es deseable, algo que es admirable». Algunas veces, se pueden reír de ti, pero la mayoría de las veces te respetan de manera profunda en sus corazones. La persona que vive de esta manera tiene el poder para alcanzar a la gente para el reino de Dios. Por el otro lado, la persona concesiva no alcanza a nadie.

Recuerda, a Satanás le encanta usar la concesión como un mecanismo para tentarnos, porque quiere decir que ha encontrado un área gris en nuestra vida en la cual puede confundirnos. En primer lugar, hacemos una concesión al ceder a una tentación pequeña. A medida que hacemos concesiones, a la larga nos dirigimos a la inmoralidad, la idolatría y otros pecados.

Muéstrame a una persona que no viva en una estrecha comunión con Dios y te mostraré a una persona que se dirige a grandes problemas. Solo es cuestión de tiempo. El mejor antídoto para las tentaciones y las concesiones de este mundo es una relación de amor apasionado con Jesucristo.

Si existe una ruptura en tu relación con Dios, es solo cuestión de tiempo antes de que las concesiones comiencen a abrirse paso en tu vida, y hasta que empieces a bajar las normas aquí y allá. Mantén en alto la guardia. Mantente cerca de Jesús. Deja que el fuego del primer amor arda con fulgor, y serás fuerte.

LA ANATOMÍA DE LA CONCESIÓN

A través de la Escritura, vemos que una de las estrategias más eficaces que usa Satanás para tentar al pueblo de Dios es la concesión. El relato bíblico de Moisés y de su enfrentamiento con el Faraón ilustra muy bien esta lucha.

Dios le dejó en claro a Moisés que debía ir a Faraón y que tenía que exigirle que liberara por completo a los israelitas, sus hijos, su ganado y sus posesiones. No debía haber concesiones ni transigencias. Ese era el plan. Además, Dios le dijo a Moisés que confirmaría su palabra con milagros increíbles para probarle a Faraón que Moisés era en verdad un enviado de Dios.

Sin embargo, la primera reunión de Moisés con Faraón fue un desastre. Faraón no solo rechazó la demanda de Moisés, sino que también hizo que las cargas de los israelitas fueran aun peores de lo que fueron antes. De la misma manera, habrá momentos en tu vida cuando las cosas no andarán bien, pero estarás en la voluntad misma de Dios. Es entonces cuando solo debes persistir. Debes levantarte e intentarlo otra vez. Eso fue lo que hizo Moisés.

Durante la siguiente visita de Moisés y Aarón a la corte de Faraón, Aarón arrojó su vara delante de Faraón y sus siervos, y la vara se convirtió en una serpiente. Faraón llamó a sus sabios y magos, que imitaron el milagro, pero la vara de Aarón se tragó a las otras varas y el corazón de Faraón se endureció.

Luego, Dios trajo una serie de diez plagas, o juicios, sobre Egipto para hacer entrar en razón a Faraón. Cada plaga era peor que la anterior. Sin embargo, el corazón de Faraón se endurecía cada vez más. En realidad, cuanto más veía Faraón, más se endurecía su corazón.

Por fin, llamó a Moisés y le dijo que los israelitas podían adorar a su Dios y ofrecerle sacrificios, pero que debían quedarse en Egipto. Moisés se negó. Faraón respondió que estaba bien, pero si tenían que irse, que no se fueran demasiado lejos.

Aquí vemos la anatomía de la concesión. Así como Satanás intentó lograr que Moisés hiciera una pequeña concesión en su situación, tratará de lograr que hagas pequeñas concesiones en las circunstancias a las que te enfrentas. Si te fijas en cualquier momento de tu vida cuando caíste en pecado, te garantizo que en cada caso, si vuelves sobre tus pasos, descubrirás que todo comenzó con un poquito de concesión.

«Adelante, pero no vayas demasiado lejos». ¿Te das cuenta de lo sutil que es? No es negar por completo lo que sabes que es bueno, pero de todas formas, es una concesión.

Moisés se negó a aceptar la concesión que le proponía Faraón, y vinieron más plagas. Con cada plaga que seguía, Faraón comenzó a desgastarse. Sin embargo, intentó con otra concesión y Moisés se negó una vez más. Por último, al darse cuenta de que no le quedaban más cartas por jugar, le dijo a Moisés que se fuera y adorara al Señor, pero que dejara el ganado y los rebaños.

Por un momento, ponte en las sandalias de Moisés. Faraón se estaba suavizando y estaba cediendo. ¿No te parece que a esta altura te hubieras sentido tentado a decir: «¡Qué importan los animales!? Vayámonos. Se acabó. Faraón nos ha liberado».

Entonces, me encanta lo que dice Moisés: «¡No puede quedarse aquí ni una sola pezuña!» (Éxodo 10:26, NVI). Lo que quiero decir es que no hagas tratos con el diablo. Cualquiera que sea el trato, te llevará a la ruina al final. Cuando viene y dice: «Puedes creer en Jesús e ir a la iglesia y leer la Biblia, pero déjame tomar posesión de esta pequeña parte de tu vida», no le permitas adueñarse siquiera de lo más pequeño. Como Moisés, debes decir: «No te doy nada, de nada. Conozco tus planes. No te daré nada».

Tal vez te encuentres en un estado de concesión ahora mismo. Si es así, es el momento perfecto para arrepentirte y comenzar de nuevo. Además, en el futuro, no hagas más tratos con el diablo. Nada de concesiones. Nada de pequeñas concesiones. Sé consciente de los peligros de una vida de concesiones.

PARA REFLEXIONAR

Antes de pasar al capítulo 5, quiero instarte a que pongas en práctica en tu propia vida lo que has leído aquí. Medita en las siguientes preguntas y sé sincero contigo mismo al intentar responder. Si es posible, dedica algún tiempo al pensamiento reflexivo y a la oración en cuanto a estas preguntas.

Pídele a Dios que te señale esferas en tu vida en las que necesitas confiar más en Él para que te ayude.

1. ¿Cómo definirías la palabra «concesión» cuando hablamos de tentación?

2. ¿Estarías de acuerdo con las palabras que usé para describir la concesión: que es «una treta mortal, engañosa y muy eficaz»? ¿Qué otras palabras añadirías?

3. ¿En qué esferas de la vida Satanás te ha tentado para que hagas una concesión?

4. ¿Qué mentiras has estado a punto de creer en lo que respecta a la falta de consecuencias que deberás afrontar si cedes a una tentación concesiva?

5. ¿Puedes pensar en épocas pasadas en tu vida cuando hiciste una serie de pequeñas concesiones que te llevaron a una concesión mayor, y al subsiguiente pecado?

6. Al mirar atrás, ¿qué pasos hubieras podido dar para impedir las concesiones que hacías?

Era necesario que fuera en todo como nosotros sus hermanos, pues solo así podía ser misericordioso y fiel sumo sacerdote nuestro ante Dios (misericordioso para con nosotros y fiel para con Dios) al expiar los pecados del pueblo Y puesto que Él mismo experimentó lo que es sufrimiento y tentación, sabe lo que esto significa y puede socorrernos maravillosamente en nuestros sufrimientos y en nuestras tentaciones.

HEBREOS 2:17-18, *LBD*

La concesión no es otra cosa que el sacrificio de un derecho o un bien, con la esperanza de quedarse con otro; casi siempre, termina en la pérdida de los dos.

TRYON EDWARDS

JESÚS LE HACE FRENTE A LA TENTACIÓN

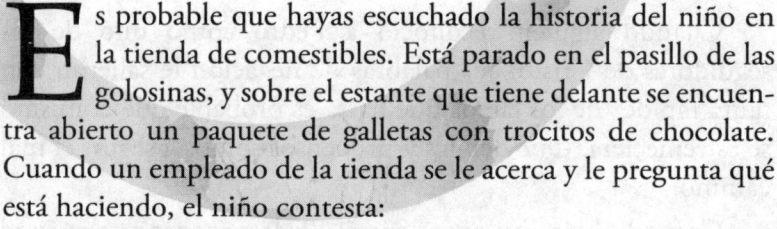

5

Es probable que hayas escuchado la historia del niño en la tienda de comestibles. Está parado en el pasillo de las golosinas, y sobre el estante que tiene delante se encuentra abierto un paquete de galletas con trocitos de chocolate. Cuando un empleado de la tienda se le acerca y le pregunta qué está haciendo, el niño contesta:

—Nada.

—¿Nada? —pregunta el empleado—. A mí me parece que estás a punto de comerte una galleta.

—Está equivocado, señor. Estoy tratando de *no* comerme una galleta.

En pocas palabras (o en pocas galletas), eso es la tentación, y de eso se trata resistirla.

A muchos de nosotros nos resulta difícil resistir la tentación porque no queremos desalentarla por completo. Como el niño de la historia, deseamos que nos libren de la tentación, pero no estamos dispuestos a apartarnos por completo de ella. Oramos en contra de la tentación, pero después entramos en lugares de vulnerabilidad. Cuando miramos a la tentación desde este punto de vista, ¡el problema es que se parece a meter los dedos en el fuego y orar para que no se quemen!

En muchas ocasiones, nos encontramos fuera de la voluntad de Dios y, en esencia, traemos la tentación hacia nosotros. Sin duda, recordarás algunos de los pasos que llevaron a la caída a Simón Pedro cuando negó al Señor tres veces. La verdadera negación tuvo lugar cerca de la casa del sumo sacerdote de Israel, donde juzgaban a Jesús con falsas acusaciones. Allí, mientras se calentaba cerca del fuego el frío del alma, comenzaron las negaciones. Pedro estaba fuera de la voluntad de Dios y ya había dado otros pasos para hacerse más vulnerable, como discutir con Jesús y no orar cuando el Señor le dijo que lo hiciera. Tan solo esperaba que sucediera un accidente.

Y así fue.

Cuando alguien reconoció a Pedro como uno de los seguidores de Cristo, sus palabras de negación le salieron con tanta rapidez de los labios que hasta es probable que él mismo se estremeciera. Qué débiles y propensos somos a seguir el mal camino.

Como lo hizo Eva antes que él, Pedro se encontraba en el lugar equivocado, en el momento equivocado. Como resultado, hizo lo malo. Esta es una combinación explosiva y, en definitiva, lleva a una fusión espiritual.

En el capítulo 1, dimos una rápida mirada a la historia de cómo tentó Satanás a Jesús. La Escritura nos dice que Jesús «fue llevado por el Espíritu al desierto. Allí estuvo cuarenta días y fue tentado por el diablo» (Lucas 4:1-2, *NVI*). Sin embargo, a pesar de que Jesús se enfrentaba a un tiempo de tentación, estaba por entero en la voluntad de Dios. Su experiencia proporciona un ejemplo que podemos seguir al tratar de *no* ceder a la tentación.

PRIMER ASALTO: SATANÁS APUNTA

Cuando miramos las tres tentaciones que tuvo Jesús de parte de Satanás en lo más remoto de un desierto desolado, vemos que estaban dirigidas a tres esferas diferentes de vulnerabilidad. En la primera tentación, la que debía convertir las piedras en pan, Satanás le apuntó a Jesús en el plano físico. Esta era la tentación para que pusiera el impulso físico antes que la necesidad espiritual. Podríamos llamarlo: «Juegue ahora; pague después».

Satanás le dijo a Jesús: «Si eres Hijo de Dios, di a esta piedra que se convierta en pan» (Lucas 4:3). Es como si el diablo hubiera dicho: «Estuve allí en el Jordán... en tu bautismo. ¿Qué fue lo que dijo tu Padre? "Tú eres mi hijo amado, en quien tengo complacencia". Bueno, en vista de que eres el que eres, ordénale a estas piedras que se conviertan en pan. Vamos, para ti debe ser fácil».

Jesús le respondió al instante: «Escrito está: No sólo de pan vivirá el hombre, sino de toda palabra de Dios» (v. 4). En esencia, Cristo decía: «Hoy no estoy aquí como Dios para lidiar contigo. Estoy aquí como hombre para lidiar contigo en favor del hombre». En otras palabras, Jesús nos estaba dando un patrón, un ejemplo o modelo, para resistir la tentación.

El enemigo decía: «No te preocupes por las repercusiones a largo plazo del pecado. Tan solo disfruta el momento. ¡Satisfácete! No puede estar mal si parece tan bueno. Te lo mereces. ¡Lo que sucede en Las Vegas, se queda en Las Vegas!».

Muchos de nosotros dejamos de lado con facilidad lo espiritual, o al menos lo posponemos por algún tiempo, mientras perseguimos los placeres temporales que ofrece este mundo. Solo esa sensación fría y de muerte que produce el pecado nos hará volver en sí y regresar al Dios del cual nos hemos alejado.

En un sentido, cada día, todos nos enfrentamos a esta misma tentación a la que se enfrentó Cristo.

Cada día, como sus seguidores, tenemos una elección: ¿Hoy nos tomaremos el tiempo para orar, o solo decidiremos pasar por alto a Dios? ¿Recurriremos a la Escritura para escuchar lo que el Señor puede decirnos o, en cambio, leeremos el periódico? ¿Haremos lo bueno o solo nos consentiremos si se da la oportunidad?

Cuando cedemos a las tentaciones similares a la primera tentación de Jesús, casi nunca se trata necesariamente de pecar de manera absoluta. Más bien, se trata de permitir que lo trivial pese más que los asuntos de mayor importancia, que lo temporal eclipse lo eterno y que lo físico se vuelva más importante que lo espiritual. Podemos expresarlo de la siguiente manera: Si algo bueno ocupa el lugar de lo mejor, se convierte en algo malo.

Con toda seguridad, así como todos y cada uno de los días tenemos necesidad de alimento, necesitamos tener un hambre por la Palabra de Dios, lo cual nos satisfará de modo tal que no tengamos que recurrir al mundo para llenar nuestras necesidades más profundas. Job lo resumió de esta manera: «Del mandamiento de sus labios nunca me separé; guardé las palabras de su boca más que mi comida» (Job 23:12).

SEGUNDO ASALTO: EL ATAJO

Frustrado ante la resistencia de Jesús frente a su primera tentación, Satanás vino con otra que tal vez acertara un poco más cerca del blanco: «Y le llevó el diablo a un alto monte, y le mostró en un momento todos los reinos de la tierra. Y le dijo el diablo: A ti te daré toda esta potestad, y la gloria de ellos; porque a mí me ha sido entregada, y a quien quiero la doy. Si tú postrado me adorares, todos serán tuyos» (Lucas 4:5-7).

Jesús no refutó esta afirmación atrevida. No podía, porque Satanás tenía razón. Aunque el diablo tiene el legítimo título de padre de mentiras, esta vez decía la verdad. Es cierto que tiene el control de los reinos de este mundo; al menos por ahora. Cuando Adán pecó en el Edén, le cedió el paraíso y este mundo a Satanás, que ahora es «el dios de este siglo» (2 Corintios 4:4). A Satanás también se le llama el «príncipe de la potestad del aire, el espíritu que ahora opera en los hijos de desobediencia» (Efesios 2:2).

Por eso, todos los intentos por reformar este mundo, nuestra cultura y la sociedad, si no se trata de un cambio del corazón que solo puede iniciar el Espíritu Santo, son inútiles en definitiva.

No lo hará la educación.

No lo hará la tecnología.

No lo hará la política.

No lo hará la moralidad.

Ni siquiera lo hará la religión.

Solo una vida transformada por Jesucristo puede producir un cambio real y duradero. Satanás es, ante todo, el único responsable de la perversión, la injusticia, la furibunda violencia y la rebelión alimentada por el odio en contra de Dios y sus leyes. Permíteme ser atrevido: El diablo se ha infiltrado en la política, en los medios de comunicación y en gran parte de la religión organizada.

Sin embargo, el reloj avanza para Satanás. Sabe que su tiempo es limitado. Como estudiante de la Escritura, sabe que esta destrucción es certera. El mito de que ya gobierna el infierno, o que lo hará algún día, es falso. La verdad es que lo arrojarán al infierno para que le torturen, ya que este se creó para el diablo y sus ángeles (véase Mateo 25:41).

Por supuesto, le gustaría llevarse consigo a la mayor cantidad de gente posible. Así que por ahora, toma a la gente cautiva para que haga su voluntad (véase 2 Timoteo 2:26) y ciega la mente de los que no creen (véase 2 Corintios 4:4).

Un destino peor que la muerte

Como dije, Jesús no refutó la pretensión de Satanás de que podía darle el control de los reinos de este mundo. Con todo, aquí tenemos el objetivo que no queremos obviar en cuanto a esta segunda tentación que el diablo puso delante de Jesús: Le brindaba la oportunidad de pasar por alto la cruz. ¿Por qué haría algo semejante Satanás? Porque Jesús vino a recuperar lo que se le había entregado en el Edén.

En el libro de Apocalipsis, que quiere decir «la revelación», se desarrolla una escena dramática. En el cielo, aparece un libro, que a las claras tiene una grandísima importancia, pero que nadie está en condiciones de abrir: «Y vi a un ángel fuerte que pregonaba a gran voz: ¿Quién es digno de abrir el libro y desatar sus sellos? Y ninguno, ni en el cielo ni en la tierra ni debajo de la tierra, podía abrir el libro, ni aun mirarlo. Y lloraba yo mucho, porque no se había hallado a ninguno digno de abrir el libro, ni de leerlo, ni de mirarlo» (Apocalipsis 5:2-4).

De repente, aparece alguien que puede abrir el libro. Es Jesús. El drama continúa: «Y uno de los ancianos me dijo: No llores. He aquí que el León de la tribu de Judá, la raíz de David, ha vencido para abrir el libro y desatar sus siete sellos. Y miré, y vi que en medio del trono y de los cuatro seres vivientes, y en medio de los ancianos, estaba en pie un Cordero como inmolado, que tenía siete cuernos, y siete ojos, los cuales son los siete espíritus de Dios enviados por toda la tierra» (Apocalipsis 5:5-6).

Entonces, ¿qué sucede aquí? ¿Cómo se conecta esto con la tentación que Satanás le presentó a Jesús en el desierto? Creo que este libro que solo Jesús podía abrir era, a efectos prácticos, el «título de propiedad» de la tierra. Así es, se volvería a comprar, pero solo al costo más elevado que alguien pudiera pagar: Se compraría otra vez con la sangre de Jesús. Tendría que sufrir como ningún otro antes o después, porque Él mismo soportaría todos los pecados del género humano: los pasados, los presentes y los futuros.

Para Jesús, ese era un destino peor que la muerte misma.

Un ofrecimiento que no puedes rechazar

Entonces, Satanás le ofrecía un trato. «¡Yo sé a qué has venido, Jesús!», decía el diablo. «Has venido a recuperar lo que perdió Adán. Bueno, te haré un ofrecimiento que no podrás rechazar. Si quieres, te lo daré en bandeja de plata».

Sin embargo, había una trampa. Una bien grande.

El diablo dijo: «Si me das el placer momentáneo de que me adores, ¡será tuyo!».

Ahora bien, ¿por qué era tentadora esta oferta para Jesús? Exactamente porque, como mencionamos, Satanás le ofrecía una manera de evadir la cruz. Sabemos que, a pesar de que el Señor soportó voluntariamente la cruz, a las claras le temía. Toda su humanidad quería alejarse de ella. Recuerda, en el huerto de Getsemaní, «era su sudor como grandes gotas de sangre» (Lucas 22:44). Clamó al Padre: «Padre, si quieres, pasa de mí esta copa; pero no se haga mi voluntad, sino la tuya» (Lucas 22:42). ¡Hizo esta misma oración tres veces!

Ahora, Satanás le decía a Jesús: «Solo inclínate una vez. ¡Mira todo lo que ganarás! De seguro que vale la pena. ¡El fin justifica los medios! Piénsalo, Jesús. Nada de Getsemaní. Nada de azotes. Nada de cruz. Y, lo más importante de todo, nada de sobrellevar el pecado del mundo. Solo inclínate ante mí».

Fuego cruzado

Ni siquiera por un instante, Jesús acarició semejante pensamiento perverso: «Respondiendo Jesús, le dijo: Vete de mí, Satanás, porque escrito está: Al Señor tu Dios adorarás, y a él solo servirás» (Lucas 4:8).

Fíjate que Satanás no dijo nada acerca del servicio; lo único que quería era un momento de adoración por parte de Jesús. Sin embargo, el Señor reconoció que solo un momento de adoración podía significar con facilidad toda una vida de servicio.

Siempre comienza con la primera vez. Todos hemos escuchado a alguien decir, o tal vez nosotros nos lo hemos dicho:

«Solo lo haré esta vez».

«¡Sé cuándo detenerme!»

«Además, todos lo hacen».

Una vez más, las famosas últimas palabras. Acabas de transigir con el hambriento oso de la tentación.

Tan solo un momento

Piensa en cuántas vidas han quedado devastadas por esta lógica retorcida.

Tan solo un momento en el altar de la promiscuidad sexual puede conducir a toda una vida de lamento. Esa «única vez» pudo conducir a un embarazo indeseado, a una enfermedad de transmisión sexual o al VIH / SIDA.

Tan solo un momento en el altar del adulterio puede llevar a la ruina a un matrimonio, a una reputación destruida y a una familia devastada, con ramificaciones que se extiendan a las generaciones futuras. Así trabaja el diablo. Dale un centímetro y querrá un kilómetro. En realidad, tomará mucho más que un kilómetro.

Tan solo un momento en el altar del materialismo puede desencadenar una sed insaciable de tener cada vez más. Cuando consigues esa cosa: ese auto, esa casa, ese éxito en la mesa de apuestas, piensas que será suficiente. No obstante, por alguna razón, nunca se produce el «suficiente». Nunca satisface. Siempre tiene que ser mayor y mejor, nuevo y mejorado. La Biblia dice: «La muerte, el sepulcro y la codicia del hombre jamás quedan satisfechos» (Proverbios 27:20, DHH).

No te inclines ante el altar de la concesión

En el capítulo anterior, nos ocupamos de la concesión, pero es importante mencionarla de nuevo en el contexto de la promesa que Satanás le hizo a Jesús de entregarle el mundo tan solo por un momento de adoración (y toda una vida de servidumbre). No sabemos si Jesús recordó la historia de Sadrac, Mesac y Abed-nego, que se negaron a hacer una concesión, aunque eso significaba salvar sus propias vidas, pero sí sabemos que Jesús conocía las palabras y las enseñanzas de la Escritura. Sin duda alguna, podemos aprender de la notable historia de estos tres judíos adolescentes.

A través de circunstancias extraordinarias, Sadrac, Mesac y Abed-nego se encontraron en posiciones de poder y privilegio bajo el poderoso gobernante del mundo de esa época, el rey de Babilonia. Estos jóvenes hubieran sido la envidia de todo adolescente en el imperio. En un sentido, tenían el mundo a sus pies.

Con el paso del tiempo, el trastornado gobernante de Babilonia, Nabucodonosor, hizo que erigieran una imagen suya y les ordenó a sus súbditos, incluyendo a los tres jóvenes hebreos, que se inclinaran ante ella. No obstante, Sadrac, Mesac y Abed-nego se negaron de manera rotunda. Sabían que inclinarse, aunque fuera por un momento, sería idolatría y desobediencia a su Dios.

Por supuesto, lo hubieran podido justificar de alguna manera. Hubieran podido decir: «Cuando estés en Babilonia, ¡haz lo que hacen los babilonios!». O podrían haberse inclinado y cruzado los dedos detrás de la espalda. Sin embargo, estos jóvenes tenían muy claro lo que estaba bien y lo que estaba mal. También sabían que si adoras algo durante un momento, terminas sirviéndolo durante un largo trayecto. Es probable que ya sepas cómo terminó su historia. Dios los libró de la ejecución en los feroces hornos de Babilonia, y tuvieron más bendición que nunca.

De manera similar, Satanás le ofreció a Jesús «todos los reinos del mundo», y Él se negó. Sin embargo, hay otros en la Biblia que se vendieron por mucho menos. Esaú, por ejemplo, vendió su primogenitura por un plato de lentejas. Cambió todo su futuro espiritual por la gratificación física temporal que le proporcionaba una comida caliente. Al menos, ¡hubiera podido comerciar por un bistec grande y jugoso!

Un hombre llamado Acán perdió su vida, así como la de su familia, por un pedazo de oro y un manto babilónico. Y Judas vendió su alma por treinta piezas de plata.

El problema con Satanás, al ser el padre de las mentiras, es que puede ofrecerte algo que no te da después. Saldrás perdiendo. No te inclines. Ni por un instante. Si lo haces, puedes terminar adorando, y Dios se lo toma muy, pero muy en serio.

TERCER ASALTO: LA TENTACIÓN FINAL

Ahora llegamos a la tercera tentación que Satanás le presentó a Jesús: «Y le llevó a Jerusalén, y le puso sobre el pináculo del templo, y le dijo: Si eres Hijo de Dios, échate de aquí abajo; porque escrito está: A sus ángeles mandará acerca de ti, que te guarden; y, en las manos te sostendrán, para que no tropieces con tu pie en piedra» (Lucas 4:9-11).

¿Qué sucedió aquí? ¿El diablo sabía de religión? Era Satanás mismo citando la Escritura. Sin embargo, es muy importante destacar que mientras citaba el Salmo 91, pasó algo por alto. El pasaje que citaba, el Salmo 91:11-12, dice: «Pues a sus ángeles mandará acerca de ti, que te guarden en todos tus caminos. En las manos te llevarán, para que tu pie no tropiece en piedra».

Si Satanás obvió algo en forma intencional, quiero saber por qué y de seguro que tú querrás saberlo también. El mismo hecho de que omitiera algo, indica lo importante que deben haber sido las palabras faltantes para comprender bien el texto.

Y aquí está la frase que le falta a la cita de Satanás del Salmo 91: «que te guarden en todos tus caminos» (v. 11).

¿«Tus caminos»? ¿Qué caminos? Este pasaje, como Satanás sabía de sobra, no se refiere a los caminos que nosotros podemos escoger. En el contexto, queda claro que se refiere a los caminos de Dios. Una vez que te alejas de sus caminos, anulas, a efectos prácticos, las promesas que se encuentran en el resto de este poderoso salmo que va desde la protección de Dios hasta su provisión.

En otras palabras, no podemos desobedecer en forma intencional a Dios, violar de manera flagrante su Palabra y, luego, esperar su bendición de la protección y provisión angelical. Algunas veces, Dios tiene la deferencia de librarnos de una situación surgida como resultado de nuestra propia desobediencia. No obstante, si luego volvemos a la misma situación o a una similar, consolándonos con la esperanza de que Dios nos sacará de este lío una vez más, lo único que hacemos es engañarnos a nosotros mismos.

No confundas la gracia de Dios con su aprobación. Por el solo hecho de que por gracia perdone un pecado que cometemos una y otra vez, no quiere decir que haya cambiado de opinión y ahora apruebe ese pecado. La Biblia nos dice: «Cuando no se ejecuta rápidamente la sentencia de un delito, el corazón del pueblo se llena de razones para hacer lo malo» (Eclesiastés 8:11, *NVI*).

No puedes esperar que Dios te guarde si sigues caminos pecaminosos. Debemos confiar en el Señor, no ponerlo a prueba.

PARA REFLEXIONAR

Antes de pasar al capítulo 6, quiero instarte a que apliques en tu propia vida lo que has leído acerca de las tentaciones que Jesús tuvo que enfrentar. Medita en las siguientes preguntas y sé sincero contigo mismo al responder. Dedica algún tiempo a la reflexión y a la oración, y pídele a Dios que te señale esferas en tu vida en las que necesitas confiar en Él para que te ayude a enfrentar las tentaciones.

1. En caso de que te hayas olvidado de la cita al comienzo del capítulo, permíteme repetirla.

> Era necesario que fuera en todo como nosotros sus hermanos, pues solo así podía ser misericordioso y fiel sumo sacerdote nuestro ante Dios (misericordioso para con nosotros y fiel para con Dios) al expiar los pecados del pueblo. Y puesto que Él mismo experimentó lo que es sufrimiento y tentación, sabe lo que esto significa y puede socorrernos maravillosamente en nuestros sufrimientos y en nuestras tentaciones. (Hebreos 2:17-18, LBD)

2. Ahora, repasa cada tentación en Lucas 4 y fíjate cómo resistió Jesús estas tentaciones. ¿Usó su deidad para resistir las tretas de Satanás?

3. ¿Cuáles de los métodos que usó Jesús para resistir la tentación puedes usar en tu propia vida?

4. ¿Cuál de las tres tentaciones que enfrentó Jesús te tocan más de cerca? ¿Por qué?

5. ¿Enfrentas más a menudo tentaciones relacionadas con la persona o el objeto al cual adoras, con los placeres materiales o con tu seguridad? ¿Por qué te parece que el padre de mentiras te tienta con frecuencia en esa esfera en particular?

6. ¿Qué pasos puedes dar para evitar las tentaciones en esa esfera?

7. ¿Qué necesidades tienes en esa esfera para las que deberías confiar en ciertas promesas de Dios, en cuanto a su provisión, no en las promesas huecas de Satanás?

> *¡Qué precioso es, Señor, darse cuenta de que continuamente estás pensando en mí! Ni siquiera puedo contar cuántas veces al día tus pensamientos se dirigen a mí. Y cuando despierto en la mañana, aún estás pensando en mí [...] Examina, oh Dios, y conoce mi corazón; prueba mis pensamientos. Señálame lo que en mí descubras que te provoque tristeza, y guíame por la senda de la vida eterna.*
>
> SALMO 139:17-18, 23-24, *LBD*

> *Él también estará contigo, en todo, ese Dios fiel. Cada mañana cuando despiertes al viejo y tolerable dolor, en cada kilómetro del camino polvoriento y caliente cuesta arriba de las agobiantes obligaciones, en el banquillo del juicio, incluso entonces, el mismo Cristo allí como nunca, todavía te ama, todavía es suficiente para ti. Y después, por toda la eternidad.*
>
> TOMÁS DE KEMPIS

AVANCEMOS

6

Tal vez recuerdes la vez, hace un tiempo atrás, en que el nervioso Steve Irwin, del famoso programa *El cazacocodrilos*, sostuvo a su bebé en un brazo mientras usaba la otra mano para alimentar a un cocodrilo bastante grande con un trozo de carne cruda. Hubo grandes protestas generalizadas, ya que la gente se preguntaba por qué Irwin corrió un riesgo tan innecesario. Irwin respondió que deseaba que su hijo «fuera consciente del cocodrilo».

Por supuesto, el problema hubiera sido un tropezón, con lo cual el bebé de Steve se hubiera convertido con facilidad en un bocadillo para el cocodrilo. Cuando lo interrogaron acerca de lo peligroso de esta acción, dijo: «Es todo cuestión de percatarse del peligro; yo tenía el control absoluto. La gente dice: "¿Y si se hubiera caído?". Sin embargo, para que sucediera algo así, tendría que haber caído un meteorito del cielo y se tendría que haber estrellado contra Australia a una velocidad de un 6,6 de la escala de Richter»[1].

Mi pregunta es: ¿Para qué correr semejante riesgo? ¿Para qué provocarlo? De la misma manera, jamás deberíamos bajar la guardia ni pensar que, por alguna razón, somos inmunes o que estamos hechos a prueba de tentación. ¡Qué actitud tan peligrosa es esta! Justo cuando nos sentimos más seguros con nosotros mismos, cuando estamos convencidos de que nuestra vida espiritual está en su punto más fuerte, que nuestra doctrina es más sólida, que nuestros sentimientos son los más puros y que nuestras vidas son muy estables, es entonces cuando debemos estar alertas al peligro y más dependientes de nuestro Señor. Cuando pensamos que hemos alcanzado una meseta espiritual, es cuando podemos encontrarnos en peligro de muerte.

HOMBRES FUERTES CON GRANDES DEBILIDADES

En el capítulo 1, hablamos acerca de cuándo viene la tentación y a quién se le pone en el camino. Mencionamos que a menudo los nuevos creyentes se enfrentan a la tentación y que casi siempre esa tentación nos llega a todos durante tiempos en los que experimentamos una gran bendición.

Además, algunas veces, el cristiano más débil no corre tanto riesgo como el más fuerte. Esto sucede porque nuestras virtudes más fuertes también pueden ser nuestros mayores puntos vulnerables. En realidad, muchas de las grandes personalidades de la Biblia experimentaron tiempos de vulnerabilidad. Fíjate en los siguientes ejemplos muy humanos de esto:

A Moisés, el gran legislador, le conocieron como el hombre más manso sobre la faz de la tierra, pero el orgullo y la presunción le dieron un golpe fatal.

Sansón, el gran juez de Israel y un hombre de fuerza sobrenatural, cayó porque se rindió a sus deseos naturales.

El profeta hacedor de milagros, Elías, que se distinguió a lo largo de todo su ministerio por su gran intrepidez y fe, quedó paralizado por el miedo que lo sumió en una profunda depresión.

Como ya descubrimos, Simón Pedro, que se consideraba el compañero más fuerte y leal en tiempos de peligro, se derritió como un cubo de hielo sobre una acera caliente cuando lo afrontó una joven.

Nunca debemos dormirnos en los laureles. Siempre habrá nuevas montañas que escalar, nuevos obstáculos que vencer, y sí, más tentaciones que resistir. El creyente maduro se da cuenta de que siempre hay un largo camino por recorrer. Nunca se olvida de nuestro potencial humano y de la propensión que tenemos al pecado.

SOLO UN POQUITO NO HARÁ DAÑO, ¿VERDAD?

Ninguno de nosotros es inmune a la tentación, pero tenemos una tendencia a pensar que lo somos. ¿Alguna de estas declaraciones te parece conocida?

«Ah, puedo controlar un poquito de mariguana. No será un problema».

«¡Un trago no me hará daño!»

«Un poquito de pornografía no puede ser tan malo. No lo volveré a hacer».

«Coquetear un poquito es divertido. ¿Qué tiene de malo?»

Las últimas palabras famosas. Hablando de esto, ¿alguna vez escuchaste las últimas palabras de Bucky O'Neil?

Bucky O'Neil era un abogado, minero, vaquero, jugador, periodista, alguacil y congresista de Arizona, que cabalgó hacia la batalla como uno de los famosos integrantes del Regimiento de Caballería de Teddy Roosevelt, durante la guerra entre España y Estados Unidos. Momentos antes del famoso ataque a Kettle Hill, O'Neil se encontraba parado, fumando un cigarrillo y haciendo bromas con sus tropas mientras zumbaban las balas que venían desde las lomas. Uno de sus sargentos le gritó por encima del ruido: «Capitán, ¡con seguridad lo alcanzará una bala!».

O'Neil le gritó en respuesta: «Sargento, no existe una bala española que pueda matarme». En cuanto pronunció esas palabras, una bala española lo alcanzó y lo mató.

La lección de esto es que nadie está hecho a prueba de balas... ni a prueba de tentaciones. Esto nos lleva al siguiente punto: Nunca bajes la guardia. Siempre marcha hacia delante en el aspecto espiritual.

Una vez escuché la historia de un joven capitán que prestó servicio en las filas del ejército de Napoleón. Cuando lo recomendaron para un ascenso militar, Napoleón preguntó por qué sugirieron a este hombre en particular.

El oficial al mando respondió: «Bueno, hace varios días atrás, en el campo de batalla, demostró un valor fuera de lo común y, como resultado, se obtuvo una victoria».

«Bien», respondió Napoleón. «¿Qué hizo al día siguiente?»

Podemos hablar de lo que hicimos para el Señor hace diez semanas o diez años. Con todo, ¿qué hicimos al día siguiente? ¿Qué hicimos hoy? ¿Nos estamos preparando para mañana? No podemos vivir en el pasado. Nuestra relación con Cristo debería prosperar y crecer. Requiere que la mantengamos y la cultivemos de manera constante.

Como nos exhorta la Biblia: «Pero ustedes, amados míos, edifiquen sus vidas firmemente, cimentándolas sobre nuestra santa fe. Aprendan a orar en el poder y en la fuerza del Espíritu Santo. Manténganse siempre dentro de los límites en que Dios los puede bendecir. Esperen pacientemente la vida eterna que nuestro Señor Jesucristo, en su misericordia, les va a dar» (Judas 1:20-21, *LBD*).

El día en que dejamos de ser edificados sobre el cimiento de nuestra fe, es el día en que nuestra fe comienza el proceso de desmoronamiento. La Escritura nos recuerda que las misericordias de Dios son nuevas cada mañana (véase Lamentaciones 3:23) y que debemos tomar nuestra cruz cada día y seguirle (véase Lucas 9:23).

Siempre debemos movernos hacia delante en el aspecto espiritual. Si no lo hacemos, nos convertiremos en blancos fáciles, más vulnerables que nunca a las tretas y las tentaciones del diablo. Aunque se ha dicho muchas veces, todavía es verdad: La mejor defensa es una buena ofensiva. La mejor manera de no ir hacia atrás, es seguir hacia delante.

No nos quedemos satisfechos con lo que hicimos por Cristo alguna vez. No nos preocupemos por los viejos recortes de periódicos que cuentan nuestras victorias y nuestras experiencias en la cima. Avancemos hacia delante y sigámosle.

PARA REFLEXIONAR

Antes de pasar al capítulo 7, quiero alentarte a que pongas en práctica lo que has leído en este capítulo breve, pero importante para tu vida. Medita en las siguientes preguntas y sé sincero contigo mismo al responder. Pídele a Dios que te señale esferas en tu vida en las que necesitas confiar en su ayuda para seguir hacia delante, de modo que no te quedes estancado espiritualmente.

1. Santiago 4:7 dice: «Resistid al diablo y huirá de vosotros». ¿De qué manera te parece que permanecer activo en la fe te puede ayudar a resistir a Satanás y a sus tentaciones?

2. En este capítulo dije que nuestras virtudes más fuertes también pueden ser nuestros mayores

puntos vulnerables. Piensa en tu propia vida y en lo que tú y otros han identificado como tus mayores habilidades. ¿De qué manera estas virtudes pueden ser aspectos de tentación para ti?

3. Por lo general, confiamos en nuestros propios puntos fuertes y descuidamos rendirlos al control de Dios. ¿De qué manera retener el control termina en tentación en tus puntos de mayor fuerza?

4. ¿Cómo puedes protegerte para no caer en la tentación en estas esferas?

5. Fíjate en algunas de las excusas mencionadas en la sección «Solo un poquito no hará daño, ¿verdad?». ¿Te reconoces en alguna de estas frases?

6. ¿Qué otras «últimas palabras famosas» has pronunciado o escuchado decir a otros que puedas añadir a esta lista?

La Biblia entera nos fue dada por inspiración de Dios y es útil para enseñarnos la verdad, hacernos comprender las faltas cometidas en la vida y ayudarnos a llevar una vida recta. Ella es el medio que Dios utiliza para capacitarnos plenamente para hacer el bien.

2 TIMOTEO 3:16-17, *LBD*

Tú decides entrar al fuego en forma voluntaria.
Las llamas bien pueden destruirte. No obstante,
si sobrevives, cada golpe del martillo servirá para
moldear tu ser. Cada gota de agua que te saquen
al retorcerte, templará y fortalecerá tu alma.

Margaret Weis

Notas

1. *Associated Press*, «Crocodile Hunter Stirs Scandal with Baby Stunt», *CTV.ca*, 3 de enero de 2004. http://www.ctv.ca/servlet/ ArticleNews/story/CTVNews/1073090900773_57/?hub=Enter tainment%204; visitado el 8 de febrero de 2005.

LAS ARMAS PARA LUCHAR CONTRA LA TENTACIÓN

7

Jack Handey, conocido por su extraño sentido del humor al cual se aludía con frecuencia en los viejos programas de *Saturday Night Live*, en un segmento titulado «Pensamientos profundos», escribió un libro igual de extraño titulado *Fuzzy Memories*. En él, Handey relata la historia de cuando era niño y un bravucón le exigía dinero para su almuerzo todos los días. Como Handey era menor que el matón, solo le daba su dinero.

«Luego decidí defenderme», continúa Handey. «Comencé a tomar lecciones de karate, pero el instructor me pedía cinco dólares por lección. Era mucho dinero. Descubrí que era más barato pagarle al matón, así que dejé el karate»[1].

Es lamentable que muchos cristianos tengan la misma actitud hacia Satanás y las tentaciones que se les presentan en el camino. Es más fácil pagarle al matón que aprender a luchar en su contra.

A PRUEBA DE TENTACIÓN:
LA PALABRA DE DIOS

En el capítulo 5, vimos las tres tentaciones que Satanás le presentó a Jesús en el desierto. Como recordarás, Jesús supo qué arma usar para vencer cada tentación. En cada una de las tres tentaciones, vemos que Jesús usó el arma de la Palabra de Dios.

En cada uno de esos momentos críticos de tentación, Jesús «[usó] bien la palabra de verdad» (2 Timoteo 2:15). En lugar de ejercer un privilegio ejecutivo (lo cual hubiera podido hacer porque era Dios), Jesús nos dio el modelo de cómo ganar batallas espirituales con la Palabra de Dios y el poder del Espíritu Santo. Nosotros también podemos hacer lo mismo para resistir las tentaciones de Satanás. Nuestra principal arma es la misma que Jesús usó en el desierto: la poderosa e inmutable Palabra de Dios.

En Efesios 6, el apóstol Pablo compara la vida cristiana con una batalla espiritual y nos advierte que nos armemos. Mediante el uso de una metáfora con la que la gente de su tiempo conocía muy bien, Pablo trazó una analogía a partir de la armadura del soldado romano (estos tipos andaban por todas partes). Junto con las diversas piezas de la armadura espiritual que menciona Pablo, como el cinturón de la verdad, el escudo de la fe y el casco de la salvación, también habla de «la espada del Espíritu, que es la palabra de Dios» (Efesios 6:17). Todas las otras piezas de la armadura son defensivas, con excepción de esta espada, que es un arma tanto defensiva como ofensiva.

Es importante destacarlo, porque no atacas a un enemigo con tu casco ni con tu escudo. Lo atacas con un arma ofensiva: una espada filosa. De la misma manera, el arma principal para prevalecer contra la tentación es la espada del Espíritu, la Palabra misma de Dios, la Biblia. Como creyente, si no tienes un buen conocimiento de la Escritura, te convertirás con mayor facilidad en una víctima dentro de la batalla espiritual.

ÚSALA O PIÉRDELA

En algunas ocasiones, la gente me pide que les firme sus Biblias, y cuando lo hago, a menudo escribo estas palabras: «El pecado te mantendrá alejado de este libro, y este libro te mantendrá alejado del pecado». Satanás hará todo lo posible para alejarte de la Palabra de Dios. Eso fue justo lo que hizo con Eva en la primera tentación que se registra. Primero, cuestionó lo que dijo Dios, luego lo distorsionó y, por último, le agregó cosas. El éxito o el fracaso en la vida cristiana dependen de cuánta Biblia hagamos que entre en nuestros corazones y en nuestras mentes con regularidad, como también dependen de lo obedientes que seamos a lo que dice la Palabra de Dios. Si descuidamos el estudio de la Escritura, a la larga nuestra vida espiritual quedará hecha hilachas, porque todo lo que necesitamos saber acerca de Dios y de vivir como un creyente se enseña en la Biblia. Además, si algo no se puede encontrar en las páginas de la Escritura, no lo necesitas. Algunas personas dicen que necesitan más que la Biblia. Afirman que reciben nuevas revelaciones de Dios. No obstante, debemos darnos cuenta de que si es nuevo, no es verdad. Y si es verdad, no es nuevo.

Por lo general, olvidamos lo que deberíamos recordar y recordamos lo que deberíamos olvidar. Es por eso que para todo creyente debe ser una máxima prioridad no solo conocer la Palabra de Dios, sino también memorizarla. Hasta el día de hoy, mi cerebro guarda bancos de memoria llenos de extrañas letras de canciones, viejas propagandas de televisión y otras informaciones triviales, inservibles en su mayoría. ¡Cuánto mejor sería tener esos bancos de memoria llenos de la eterna y vivificante Palabra de Dios!

LLÉVALA EN TU CORAZÓN

Debemos hacer un esfuerzo consciente por guardar la Palabra de Dios en un lugar de privilegio en nuestras mentes y corazones.

Las armas para luchar contra la tentación

Aunque es bueno que llevemos una Biblia en el portafolio, en el bolsillo o en la cartera, el mejor lugar para llevar la Palabra de Dios es en nuestro corazón.

En Deuteronomio, Dios le ordenó a su pueblo: «Por tanto, pondréis estas mis palabras en vuestro corazón y en vuestra alma [...] Y las enseñaréis a vuestros hijos, hablando de ellas cuando te sientes en tu casa, cuando andes por el camino, cuando te acuestes, y cuando te levantes (11:18-19).

Una vez que en tu memoria se han injertado versículos selectos de las Escrituras, se convertirán en un poderoso recurso para ti por el resto de tu vida. Nunca lamentarás el tiempo que has invertido en transferir las palabras de Dios mismo a tu mente. Habrá momentos en los que esos versículos, pasajes y capítulos aprendidos te darán dividendos asombrosos. Los versículos que se memorizan te traerán consuelo y paz al corazón en tiempos de gran presión o tristeza, y te proporcionarán la fuerza para mantenerte firme en momentos de intensa tentación. Como dijera el salmista: «En mi corazón he guardado tus dichos, para no pecar contra ti» (Salmo 119:11). Y el Salmo 37 nos dice: «La ley de su Dios está en su corazón; por tanto, sus pies no resbalarán» (v. 31).

A medida que pasan los días de tu vida, debes usar lo que conoces. Tu mente debería estar tan saturada de la Palabra de Dios como para que funcione como una computadora espiritual que te dé la posibilidad de recordar versículos relevantes cuando te encuentres atacado desde el lado oscuro. Traer la Palabra de Dios a tu mente cuando la necesitas es el ministerio del Espíritu Santo. Jesús dijo: «Mas el Consolador, el Espíritu Santo, a quien el Padre enviará en mi nombre, él os enseñará todas las cosas, y os recordará todo lo que yo os he dicho» (Juan 14:26). Sin embargo, el Espíritu de Dios no necesariamente te recordará algo que jamás aprendiste.

Por lo tanto, permíteme preguntarte: ¿En qué estado se encuentra tu espada? ¿Está lustrosa debido al uso diario mientras estudias la Escritura con regularidad? ¿Está afilada en el yunque de la experiencia ya que has aplicado y obedecido su verdad en tu vida, se ha oxidado por falta de preparación o se ha opacado por la desobediencia?

¡PERO YO NO SOY DIOS!

Tal vez digas: «Greg, claro que Jesús pudo citar la Palabra de Dios y pudo usarla para resistir las tentaciones de Satanás. Después de todo, ¡Jesús era y es Dios!».

Aunque esto es verdad, es aun más importante recordar que Satanás *no* es Dios. Por cierto, nunca deberíamos subestimar al diablo. Es un adversario astuto y hábil con muchos años de experiencia de tratar con la humanidad. Es un enemigo poderoso. Sin embargo, se puede vencer. Examinemos algunos hechos acerca de Satanás.

Poderoso, pero no divino

Cuando te enfrentas a la tentación, necesitas tener en mente que Satanás ni siquiera se acerca a ser igual a Dios. Dios es omnipotente (todo lo puede), es omnisciente (todo lo sabe) y omnipresente (está en todas partes). En intenso contraste, el diablo no posee estos atributos divinos. Sin duda, Satanás es muy poderoso, más poderoso que cualquier hombre y más poderoso que la mayoría de los ángeles. Aun así, no se acerca en nada a igualar a Dios.

Su conocimiento es limitado. No puede conocer todos tus pensamientos. Además, mientras que Dios puede estar en todas partes al mismo tiempo, Satanás puede estar solo en un lugar en un momento determinado. Sin embargo, no trabaja solo. Tiene subalternos: fuerzas demoníacas que hacen su trabajo sucio (véase Efesios 6:10-12).

No puede hacer nada sin permiso

De igual importancia es que recordemos que Satanás no puede hacer nada en la vida de un cristiano sin el permiso de Dios. Aunque Dios puede permitir los ataques demoníacos en tu vida, aun así estás bajo su protección divina. En el libro de Job, por ejemplo, leemos que los ángeles vinieron a presentarse delante del Señor. Satanás estaba entre ellos, y Dios le dijo: «¿De dónde vienes?» (Job 1:7). Satanás respondió: «De rodear la tierra y de andar por ella». Luego, el Señor comenzó, en esencia, a hacer alarde de Job que era «perfecto y recto» (v. 8). Como respuesta, Satanás señaló el cerco de protección que Dios había colocado alrededor de la casa de Job y de todo lo que poseía (véase v. 10).

Este pasaje muestra que, a pesar del poder del diablo y de su perverso programa, debe pedir permiso cuando quiere entrometerse en la vida de un hijo de Dios, porque Él ha puesto un cerco divino de protección alrededor de los suyos. Te puede oprimir hasta cierto grado, pero si eres cristiano, ni el diablo ni un demonio puede tomar control de tu vida jamás. Cuando pones tu fe en Jesucristo, te sitúas bajo su protección. Te colocó una etiqueta de identificación que decía: «Propiedad de Jesucristo. Comprado con su sangre». Satanás lo sabe y debe retroceder.

Dicho esto, no quiere decir que el diablo no pueda tratar de seducirte para que salgas de la protección de Dios y así te atrape en su red de engaño. El día que pusiste tu fe en Jesucristo, tu dirección eterna cambió de un lugar conocido como el infierno a un lugar llamado cielo. Fue un día en el que pasaste de las tinieblas a la luz, un día en el que encontraste un propósito y un significado nuevos. También fue un día en el que comenzó una verdadera guerra espiritual en tu vida. La conversión transformó tu corazón en un campo de batalla. No solo llegaste a darte cuenta de que existe un Dios que te ama, sino que también hay un diablo que te odia y que quiere arrastrarte hacia atrás para que vuelvas, de nuevo, a tus viejos caminos.

Por eso, como hijo de Dios, tu objetivo debería ser permanecer lo más cerca del Señor que sea posible, y guardar la mayor distancia viable entre tú y el diablo.

El acusador de los hermanos

El diablo quiere arrastrarte delante de Dios. Luego, quiere acusarte. En más de una ocasión, las Escrituras se refieren a Satanás como un acusador. Apocalipsis 12:10 lo llama «el acusador de nuestros hermanos, el que los acusaba delante de nuestro Dios día y noche».

Satanás quiere que creas que no eres digno de acercarte a Dios. Sin embargo, debes recordar que no te acercas a Dios porque seas digno de hacerlo. Te acercas a Él gracias a lo que Jesús hizo por ti en la cruz. Acuérdate, porque el diablo no quiere que sepas esto. Quiere acusarte delante de Dios y mantenerte alejado de Él.

Algunas veces, como cuando te sientes culpable por ceder a una tentación, puedes tener luchas para distinguir entre las acusaciones de Satanás y la convicción del Espíritu Santo. Permíteme decirte la diferencia: Satanás siempre tratará de alejarte de la cruz, mientras que el Espíritu Santo siempre te traerá de regreso a ella.

Ya perdió

También debes recordar que al diablo lo derrotaron por completo en la cruz del Calvario. Al referirse a lo que Jesús logró en la cruz, el apóstol Pablo escribe: «Desarmó a los poderes y a las potestades, y por medio de Cristo los humilló en público al exhibirlos en su desfile triunfal» (Colosenses 2:15, *NVI*). Esto quiere decir que cada uno de nosotros puede ser libre por el poder de Jesucristo.

PARA REFLEXIONAR

Antes de pasar al capítulo final de este libro, quiero alentarte a que pongas en práctica en tu propia vida lo que has leído aquí. Medita en las siguientes preguntas y sé sincero contigo mismo al responder. Una vez más, te aliento a que dediques algún tiempo a la reflexión y a la oración, y que le pidas a Dios que te señale esferas en tu vida en las que necesitas confiar en Él para que te ayude a usar las armas que ha provisto para luchar contra la tentación.

1. En una hoja de papel, personaliza 2 Timoteo 3:16-17 (*NVI*) de la siguiente manera:

   > Toda la Escritura es inspirada por Dios y útil para enseñar [a (tu nombre)], para reprender [a (tu nombre)], para corregir [a (tu nombre)] y para instruir [a (tu nombre)] en la justicia, a fin de que el siervo de Dios [tu nombre] esté enteramente capacitado para toda buena obra.

   > Pasa un tiempo largo en oración y pídele a Dios que te ayude a que esta promesa se haga realidad en tu vida.

2. Si necesitas pasar más tiempo en el estudio y la memorización de la Escritura, pídele a Dios que te ayude a encontrar el tiempo y a tener la disciplina para hacerlo. Si necesitas dedicarle más tiempo a la aplicación de lo que enseña la Escritura, pídele a Dios que te provea más oportunidades para hacerlo. Pídele al Espíritu

Santo que te ayude a identificar actividades que tiendan a alejarte del Señor, en lugar de llevarte más cerca de Él.

3. ¿Qué cualidades o atributos divinos le has dado de manera equivocada a Satanás? Usa un diccionario bíblico o busca en la Internet para crear una lista de los atributos de Dios. Mencioné algunos en la sección «¡Pero yo no soy Dios!» de este capítulo. Dios es todopoderoso; Dios lo sabe todo; Dios está presente en todas partes.

4. Lee Job 1:6-22. ¿Qué notas en cuanto a las limitaciones de Satanás cuando quiere tentar a uno de los seguidores de Dios? ¿Qué notas respecto a las maneras en que Dios protege a sus seguidores de Satanás?

Pero en Jesús, el Hijo de Dios, tenemos un gran sumo sacerdote que subió al mismo cielo a ayudarnos. Nunca dejemos de confiar en Él. Nuestro sumo sacerdote entiende nuestras debilidades, porque un día pasó por las tentaciones que a diario pasamos, si bien es cierto que nunca cedió a las mismas y por lo tanto nunca cometió pecado. Acerquémonos, pues, confiadamente al trono de Dios y hallemos allí misericordia y gracia para el momento en que lo necesitemos.

HEBREOS 4:14-16, *LBD*

Las armas para luchar contra la tentación

En esencia, el mensaje del Señor fue Él mismo.
No vino solo a predicar el evangelio; Él mismo es
ese evangelio. No vino solo a darnos pan; Él dijo:
«Yo soy el pan». No vino solo a darnos luz; Él
dijo: «Yo soy la luz». No vino solo a mostrarnos
la puerta; Él dijo: «Yo soy la puerta». No vino
solo para nombrar a un pastor; dijo «Yo soy el
pastor». No vino solo a señalar el camino; dijo:
«Yo soy el camino, la verdad y la vida».

J. Sidlow Baxter

Nota

1. Jack Handey, *Fuzzy Memories*, Andrews y McNeel, Kansas City, MO, 1996, s. p.

JESÚS: EL ARMA SUPREMA CONTRA LA TENTACIÓN

8

Hace un par de años, mi hijo Jonathan tomaba lecciones de submarinismo. El día antes, lo habían preparado durante algunas horas y ya era tiempo de que el instructor de submarinismo lo llevara a bucear en serio. Yo había obtenido la licencia de submarinista hacía unos diez años, así que decidí acompañarle.

Cuando subíamos al barco para salir a bucear, me di cuenta de que el agua estaba bastante picada. A Jonathan, todo esto lo ponía un poquito nervioso. El día anterior, el mar había estado calmado, y él había hecho la mayor parte de la práctica en una piscina de natación. Ahora, salíamos al océano de verdad, donde las aguas eran turbulentas. Estaban tan agitadas que daban un poquito de temor. Al comenzar nuestro descenso, pude ver el pánico en los ojos de Jonathan.

No sabía qué hacer porque, para ser sincero, ¡yo mismo estaba un poco atemorizado! Sin embargo, el instructor manejó las cosas a la perfección. Le dijo a Jonathan: «Ahora, mírame». Jonathan lo miró. Prosiguió: «¿Recuerdas tu entrenamiento? Esto es lo mismo». El instructor lo calmó. Jonathan se puso su regulador de buceo y descendimos en el agua. De inmediato, todo estaba en calma y era hermoso, y nosotros estábamos bien.

Lo mismo debemos hacer cuando nos enfrentamos a las tormentas y tentaciones en nuestras vidas. Solo necesitamos mirar a nuestro instructor, Jesús. Él nos dice: «Mírame. No te preocupes por las olas. No te preocupes por las circunstancias. Quédate tranquilo con respecto a las tentaciones. ¡Recuerda tu entrenamiento!».

MALAS NOTICIAS PARA EL DIABLO

Durante la guerra en Corea, las fuerzas enemigas avanzaban sobre una unidad militar conocida como la Compañía Baker. Esta unidad había quedado incomunicada del resto del regimiento y, durante varias horas y a pesar de los repetidos intentos por comunicarse, no se habían tenido noticias de ellos. Por fin, el cuartel general captó una débil señal. Con un esfuerzo por escuchar cada palabra, el operador de radio preguntó:

—Compañía Baker, ¿me reciben?

—Esta es la Compañía Baker —fue la respuesta.

—Compañía Baker, ¿cuál es su situación?

—El enemigo está al este de nosotros. Está al oeste de nosotros. El enemigo está al norte de nosotros. Está al sur de nosotros... ¡y esta vez no los vamos a dejar escapar!

Esta es la clase de actitud que debemos tener como creyentes, pero a menudo nos encontramos en el mismo dilema que la Compañía Baker. El enemigo está al norte de nosotros, al sur, al este y al oeste. Hacia donde miremos, vemos el trabajo sucio del diablo. Puede resultar abrumador. Comenzamos a pensar: *¿Para qué esforzarse?*

No debemos permitirnos este pensamiento. Debemos tener fe y decir: «Podemos ir hacia delante. Dios puede obrar a través de nuestras vidas». Debemos estar activos en la obra del Señor. El diablo está activo en su trabajo, porque reconoce que le queda poco tiempo.

Aunque haya gente en el mundo que no cree, Satanás sabe que Jesús viene pronto. Por lo tanto, está redoblando sus esfuerzos. El regreso del Señor es una mala noticia para el diablo, pero es una buena noticia para la Iglesia. Para Satanás, es un incentivo para atacar nuestra fe y tratar de hacernos tropezar y caer. Para nosotros, es un incentivo para hablar de nuestra fe y vivir vidas santas.

En pocas palabras, el diablo no quiere que sigamos a Jesucristo. En primer lugar, hizo todo lo que pudo para impedir que viniéramos a Cristo, y ahora quiere hacer todo lo posible para mantenernos inmovilizados y para que no seamos eficientes para el reino de Dios. Aun así, en resumidas cuentas, la realidad es la siguiente: Si somos cristianos, no hay lugar para el pacifismo espiritual, porque nos convertiremos en una víctima espiritual. Si somos cristianos, estaremos en batalla.

La verdadera pregunta es: ¿Avanzaremos o nos replegaremos? Podemos permanecer en el desierto o bien podemos entrar a la Tierra Prometida. En la vida cristiana somos vencedores o nos vencerán. Dios nos ha sacado de una vida de pecado y de esclavitud para traernos a una vida de poder y victoria en la que servimos al Señor.

¡SE GANÓ LA BATALLA!

Aquí tenemos una verdad fundamental que debemos recordar acerca de la tentación: Así es, en nuestras vidas diarias hay una batalla, pero esta ya la ganó Jesucristo en la cruz. La elección que debemos hacer es si caminaremos y viviremos en esa victoria o no.

Antes de la crucifixión, Jesús dijo: «El juicio de este mundo ha llegado ya, y el príncipe de este mundo va a ser expulsado» (Juan 12:31, *NVI*). Al referirse a este mismo suceso en el Calvario, Hebreos dice: «Así que, por cuanto los hijos participaron de carne y sangre, él también participó de lo mismo, para destruir por medio de la muerte al que tenía el imperio de la muerte, esto es, al diablo» (Hebreos 2:14). El apóstol Pablo nos recuerda que, por la obra de Dios, «la prueba acusatoria que había contra ustedes, es decir, la lista de mandamientos que no habían obedecido, quedó anulada clavada en la cruz de Cristo» (Colosenses 2:14, *LBD*).

Tal vez te preguntes: *Si la muerte de Jesús en el Calvario fue poderosa y completa, ¿por qué Satanás sigue en escena haciendo su trabajo sucio?* Es porque Dios se lo ha permitido. No es que Dios haya abandonado su compromiso. Es el simple reconocimiento de una situación temporal.

Recuerda, el enemigo no hace nada en la vida de los cristianos sin el permiso expreso de Dios. Jesús le dijo a Pedro: «Simón, Simón, he aquí Satanás os ha pedido para zarandearos como a trigo; pero yo he rogado por ti» (Lucas 22:31-32). De la misma manera en que Jesús oró por Pedro, ora por nosotros también.

Tocamos este tema en el capítulo anterior, pero quiero enfatizar otra vez que cada tentación que se interpone en nuestro camino tiene que pasar por la red protectora de Dios. Satanás tiene que pedirle permiso a Dios antes de que pueda tentarnos.

En este mundo caído y destrozado en el que vivimos, Dios permite la tentación. En su asombrosa soberanía, hasta puede usarla para fortalecernos espiritualmente y llevarnos más cerca de Él. Sin embargo, Dios nunca permitirá que a nuestras vidas llegue más tentación de la que podamos soportar. Siempre proporcionará una vía de escape para que podamos soportarla y pasarnos del lado de la victoria (véase 1 Corintios 10:13). Esa es su promesa.

No obstante, si no eres cristiano, si nunca has hecho un compromiso con Jesucristo, no tienes esta promesa de Dios. No estarás en condiciones de resistir con eficacia la tentación. Estarás vulnerable a los ataques de Satanás, a su manipulación e incluso a su posesión.

Con todo, Dios te amó tanto hace dos mil años atrás, que envió a su Hijo a morir en la cruz por cada uno de los pecados que cometiste. En la cruz, Jesús les asestó un golpe decisivo a Satanás y a sus demonios. La persona que pone su fe en Jesucristo, ya no tiene que temer lo que el diablo pueda hacer, porque dice la Escritura: «Mayor es el que está en vosotros, que el que está en el mundo» (1 Juan 4:4).

¿Cristo vive dentro de ti? Cuando la tentación golpea a mi puerta, me gusta decir: «Señor, ¿te importaría ver quién es? No quiero verme enredado con eso». No quiero entrar en un mano a mano con los malos deseos. Es demasiado para mí». Entonces, le pido al Señor que me ayude, que me proteja y me fortalezca. Y lo hace.

Ahora bien, si no eres cristiano, estás librado a tu suerte. Y ese no es un buen lugar donde estar.

Tal vez, mientras lees estas palabras, te encuentres en la agonía de alguna adicción. Has tratado de librarte de ella. Necesitas decir: «Señor, soy pecador. Ven a mi corazón y ayúdame».

Quizá una vez hicieras un compromiso con Cristo, pero en algún momento te apartaste de ese compromiso y hayas estado viviendo en desobediencia. Te encuentras tratando de vivir en dos mundos, y eso te está desgarrando. Dios conoce tu situación. Ve a Él y dile: «Señor, estoy cansado de fingir. Estoy exhausto de mentirme y de cerrar los ojos a la verdadera condición de mi vida. Ayúdame, Dios. Sácame de eso. Quiero vivir para ti».

Si nunca has venido a Jesús o necesitas regresar a Él, ¿por qué no lo haces hoy?

EL FIRME ASIDERO DE LA ESPERANZA

Permíteme concluir diciendo que a Satanás no se le ha llamado el padre de las mentiras sin razón. Cuando dice que te saldrás con la tuya, te miente. No te saldrás con la tuya. No eres la única excepción de la Escritura que dice: «No os engañéis; Dios no puede ser burlado: pues todo lo que el hombre sembrare, eso también segará» (Gálatas 6:7), ni el versículo que advierte: «Y pueden estar seguros de que no escaparán de su pecado» (Números 32:23, *NVI*). Si pecas, tarde o temprano saldrá a la luz. Por el solo hecho de que te hayas salido con la tuya ayer, y puedas estar saliéndote con la tuya hoy, no quiere decir que lo mismo sucederá mañana. Necesitas decir: «Señor, sé que esto está mal. Vengo a ti en humildad y arrepentimiento, y te pido que me perdones mientras me aparto de este pecado».

Si persistes en tu camino de desobediencia, tu pecado te alcanzará en algún momento. Cuando lo hace, no tienes idea en realidad de qué clase de consecuencias tendrás que afrontar. Por eso, debes detenerte ahora, dar un giro de ciento ochenta grados en tu manera de pensar, y volver a Dios.

¿Por qué otra razón Dios hizo que leyeras este librito? Esta quizá sea su advertencia en este mismo momento. Puede que te esté diciendo: «Sé lo que estás haciendo. Tú sabes lo que estás haciendo. Necesitas lidiar con esto. Debes detenerte. ¡Y debes hacerlo ahora!».

Creo que la persona que está dispuesta a decir: «No he llegado tan lejos como deseaba. Necesito ir hacia delante, crecer, aprender y expandirme. Tengo por delante mucho a fin de vivir para el Señor. Quiero ir tras ello, quiero fortalecerme», es la clase de persona que tendrá una vida espiritual buena y fuerte. Eso no quiere decir que tendrá una vida libre de problemas.

Ninguno de nosotros obtiene un pase libre cuando se trata de los dolores, las turbulencias y las penas de este mundo. Ninguno de nosotros está exento de retrocesos y tentaciones. Aun así, la persona que busca al Señor será una que siga hacia delante con poder.

Por otro lado, la persona que solo trata de mantenerse en espera, que no aprende y no crece, y juega con la tentación, tarde o temprano caerá derrotada.

¿Qué persona serás? Toma esa decisión en este mismo momento. Decide con antelación. ¿Serás otra víctima de la tentación o te convertirás en un vencedor? ¿Serás un conquistado o te parecerás más a un conquistador? Depende de ti.

El apóstol Pablo escribió: «No, hermanos, todavía no soy el que debo ser, pero eso sí, olvidando el pasado y con la mirada fija en lo que está por delante, me esfuerzo hasta lo último por llegar a la meta y recibir el premio que Dios nos llama a recibir en el cielo en virtud de lo que Jesucristo hizo por nosotros» (Filipenses 3:13-14, LBD).

Si necesitas hacer un compromiso con Jesucristo o debes volver a comprometerte con Él, ¿por qué no hacerlo ahora? Aquí tenemos una sugerencia de oración:

> *Señor Jesús, sé que soy pecador. Sin embargo, creo que moriste en la cruz por mis pecados y que pagaste el precio por cada mal que haya cometido en toda la vida. En este mismo instante, me aparto de ese pecado y te pido que seas mi Salvador, mi Señor, mi Dios y mi Amigo. Ayúdame a resistir la tentación y a caminar en tu voluntad a partir de este momento. Gracias por escuchar esta oración y porque ahora estoy perdonado. Te pido estas cosas en el nombre de Jesús, amén.*

Si hiciste esta oración, ¡me gustaría tener noticias de ti! Puedes escribirme a Greg Laurie, c/o Harvest Ministries, 6115 Arlington Avenue, Riverside, California, 92504, o puedes comunicarte conmigo a través del correo electrónico: Greg@ harvest.org. También puedes visitar nuestro sitio Web en www. harvest.org para aprender más acerca de cómo seguir a Cristo.

PARA REFLEXIONAR

En este libro, hemos terminado cada capítulo con una sección de preguntas para reflexionar. Mi objetivo fue el de alentarte a aplicar en tu propia vida lo aprendido aquí. Al terminar el libro, una vez más te insto a que medites en las siguientes preguntas y a que seas sincero contigo mismo mientras respondes. Puedes anotar las respuestas o solo puedes pasar algún tiempo de meditación y oración.

1. Recuerda los momentos en que te has sentido rodeado por las tentaciones de Satanás. ¿Qué leíste en este capítulo (y a lo largo del libro) que te ayude a saber que puedes vencer las tentaciones, sin importar lo desesperante que parezca la situación?

2. ¿Por qué crees que Dios permite que nos tiente Satanás?

3. Cuando te enfrentas a la tentación, ¿qué significan para ti las siguientes palabras de la Escritura: «Acerquémonos, pues, confiadamente al trono de Dios y hallemos allí misericordia y gracia para el momento en que lo necesitemos» (Hebreos 4:16, *LBD*)?

4. ¿Invitaste a Cristo para que sea tu Salvador? Cuando la tentación golpee a tu puerta, puedes decir: «Señor, ¿te importaría ver quién es?».

5. Por último, te aliento a que vuelvas a leer la sección «El firme asidero de la esperanza» de este capítulo. Decide si quieres ser una víctima de la tentación o ser un vencedor sobre la tentación y, luego, haz un compromiso real y verdadero con Jesucristo.

ACERCA DEL AUTOR

Greg Laurie, pastor principal de *Harvest Christian Fellowship* en Riverside, comenzó su ministerio pastoral a los diecinueve años al dirigir un estudio bíblico de treinta personas. Desde entonces, Dios transformó este estudio bíblico en una congregación que se encuentra entre las ocho mayores de los Estados Unidos. En 1990, Greg comenzó a celebrar actividades evangelísticas públicas llamadas *Harvest Crusades*. A partir de entonces, cerca de tres millones de personas han asistido a estas cruzadas en todos los Estados Unidos y en Australia. Greg es el orador destacado del programa de radio nacional *A New Beginning*, que se escucha en toda la nación y en el extranjero. También es el anfitrión destacado del programa de televisión *Harvest: Greg Laurie*, que se ve en el ámbito internacional. Es autor de varios libros, incluyendo el galardonado con la medalla de oro: *La iglesia trastornada*. Además, Greg ha escrito las notas de estudio para dos estudios bíblicos de la versión de la Biblia *New Living Translation*. Greg y su esposa, Cathe, tienen dos hijos y viven en el sur de California.

Greg Laurie

Harvest Ministries
6115 Arlington Avenue
Riverside, CA 92504
Greg@Harvest.org
www.harvest.org

¿Serán estos los últimos días?

- 495484
- 0-7899-1465-4
- 978-0-7899-1465-1

EDITORIAL UNILIT

¿Serán estos los últimos días?
Tsunamis. Terremotos. Huracanes. Terrorismo. ¿Está el final del mundo cerca? ¿Cómo podemos vivir expectantes en un mundo de incertidumbre? Este libro ayudará a eliminar algunas suposiciones de la comprensión de los últimos tiempos y le animará a vivir con seguridad y expectante en un mundo inquietante e incierto.

Luchando con Dios

la oración que nunca se rinde

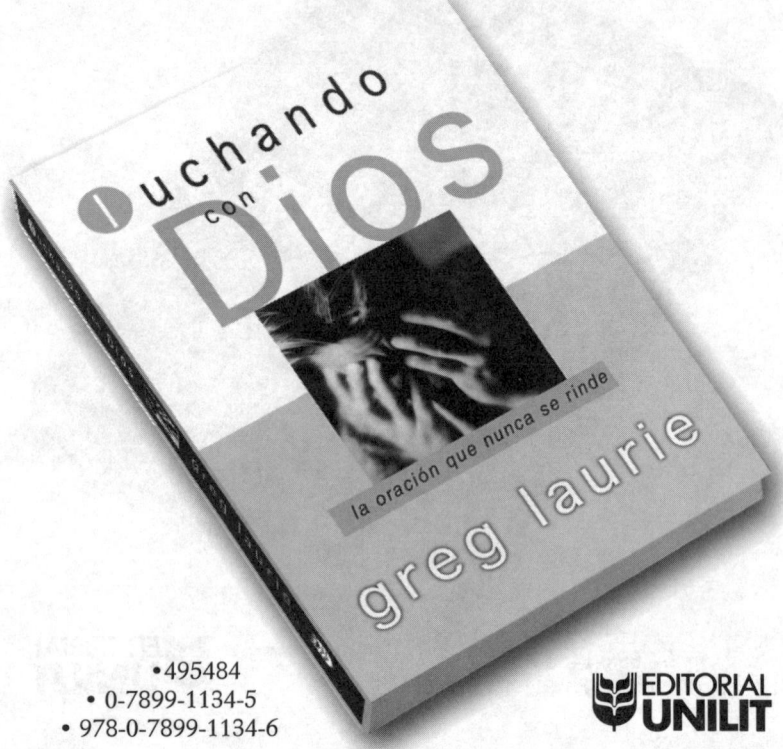

- •495484
- • 0-7899-1134-5
- • 978-0-7899-1134-6

EDITORIAL **UNILIT**

Luchando con Dios

Greg Laurie nos da consejos prácticos acerca de cómo seguir adelante y prevalecer con Dios a medida que usted descubre verdades bíblicas que lo ayudarán a tener una vida de oración eficaz. Cuando se enfrenta a una crisis repentina… una prueba que está empeorando… una decisión crítica… aprenda cómo presentar su necesidad a Dios, recibir su dirección, y después seguir adelante de luchar a descansar.